勇于对孩子放手，孩子才能更独

家长闭嘴：
"强力胶"育儿法

Duct Tape Parenting: A Less Is More Approach to Raising Respectful, Responsible, and Resilient Kids

[美] 维基·柯夫（Vicki Hoefle）◎著　　　顾天天◎编译

外语教学与研究出版社
北京

京权图字：01-2013-8391

Duct Tape Parenting
Copyright © 2012 by Vicki Hoefle
First published by Bibliomotion, Inc., Brookline, Massachusetts, USA.
This translation is published by arrangement with Bibliomotion, Inc.
through Andrew Nurnberg Associates International Limited

图书在版编目 (CIP) 数据

家长闭嘴："强力胶"育儿法 ／（美）维基·柯夫（Vicki Hoefle）著；
顾天天编译. -- 北京：外语教学与研究出版社，2017.1
ISBN 978-7-5135-8461-6

Ⅰ. ①家… Ⅱ. ①维… ②顾… Ⅲ. ①家庭教育 Ⅳ. ①G78

中国版本图书馆 CIP 数据核字 (2017) 第 019051 号

出 版 人	蔡剑峰
策划编辑	刘 荣
责任编辑	刘 荣
封面设计	锋尚设计
出版发行	外语教学与研究出版社
社　　址	北京市西三环北路 19 号（100089）
网　　址	http://www.fltrp.com
印　　刷	三河市紫恒印装有限公司
开　　本	730×980　1/16
印　　张	13
版　　次	2017 年 2 月第 1 版 2017 年 2 月第 1 次印刷
书　　号	ISBN 978-7-5135-8461-6
定　　价	29.80 元

购书咨询：（010）88819926　电子邮箱：club@fltrp.com
外研书店：https://waiyants.tmall.com
凡印刷、装订质量问题，请联系我社印制部
联系电话：（010）61207896　电子邮箱：zhijian@fltrp.com
凡侵权、盗版书籍线索，请联系我社法律事务部
举报电话：（010）88817519　电子邮箱：banquan@fltrp.com
法律顾问：立方律师事务所　刘旭东律师
　　　　　中咨律师事务所　殷　斌律师
物料号：284610001

序言

　　二十多年前，当我踏上"育儿研究"这条路时，我就希望与孩子们建立起牢固的关系。我希望自己是一个慈母，希望我的生活和谐、幸福。那时，正在准备当母亲的我非常幸运地在女儿降生前读到了由老唐·丁克梅耶、盖里·麦凯和小唐·丁克梅耶撰写的《育儿手册：有效的系统训练》。这本书让我接触到了阿尔弗雷德·阿德勒博士和鲁道夫·德雷克斯博士的研究成果。他们的观点对帮助家长在一个相互尊敬、相互合作、民主自由的环境中抚养孩子有着深远的影响。在我从中学习到的所有的方法里，让我产生最大共鸣的有两点：第一，行为不端的孩子可能没有得到过家长的鼓励；第二，家长有责任把孩子培养成为对社会有用的人。有了这两点认识，再加上我对个体心理学极大的兴趣，我开始接触各种信息，都是关于如何培养一个喜欢思考、做事积极、愿意合作、享有自主权的孩子。我研读书籍、参加讲座，把学到的所有关于父母与孩子关系的理论付诸实践。

　　我从事教育工作二十多年了。我之所以做这份工作，有两个原因：

　　第一，这套方法能帮助家长培养出优秀的孩子。当我还是一个新妈妈，并和三个孩子一起摸爬滚打时，它帮助了我，并且成就了我新的职业。在它的帮助下，我的家庭形成了紧密的集体，孩子们顺利地度过青春期并长大成人。它不仅帮助了我的家庭，也帮助了其中的每一个人。

　　第二，我想让其他的家长也学会这套教育孩子的方法。在我的职业生涯中，我宣传的唯一方式就是"言传身教"。二十多年来，我的课堂从来都是座无虚席——事实上，通常需要提前六个月预订。我想它一定有吸引大家的地方。我也很荣幸能把它分享给所有期望与孩子建立深厚感情、创造和谐生活的家长们。

非常感谢阿德勒的理论，它是我研究成果的理论基础。他的方法对各个年龄段的孩子都有帮助，能化解兄弟姐妹之间的矛盾和不和谐的因素。"强力胶"是我的"随身之物"，是它指导我如何用与大多数家长不同的思维来经营我的家庭。

所以，人们常常问我："你把五个孩子都培养得那么出色，你是怎么做到的？"而我的回答只有一个："用'强力胶'封住我的嘴，这是培育孩子的方法。他们终有一天会离开家，脱离我的监督，开始自己的生活。"和所有的家庭一样，我们也经历了起起伏伏，但在这个过程中，我研究出了一套行之有效且可持续的育儿方法。

"强力胶"育儿法倡导的是"放养式"教育，让家长与孩子建立起深厚的感情。家长不是独裁者，孩子也不是受气包儿。"强力胶"育儿法需要长期实践，才能看到效果。

这么多年来，我发现一些家长希望找到快速见效的方法。但"强力胶"育儿法不能迅速见效。我认为，除非家长完全明白了家庭中存在的问题，注意到孩子在没有家长全方位管制的条件下的表现，否则任何方法都不可能彻底有效，最多维持一两周时间。因为家长通常都是在他们感到无法应对、焦头烂额的时候，才会去看育儿书籍，并急于获得"快速法则"。这样做的后果是：他们会更加疏远孩子，他们的挫败感会更加强烈。作为五个孩子的母亲和专业育儿培训师，凭良心讲，我不能把达不到效果的方法教给他们。这套育儿方法重点关注的是：孩子经过一段时间后出现的进步与改善以及家长观念的转变，帮助家长朋友们与孩子一起建立和谐的家庭关系。

在本书的第一部分中，我将指出家长遇到最大的障碍或问题，以及如何去解决这些障碍或问题。在第二部分里，我介绍了有效的方法和诀窍，为家长指出一条处理家庭生活中麻烦的新道路。虽然这套方法并不是万能的，但却能产生良好的效果，即建立一个幸福、和谐的家庭，孩子们学会独立思考，家长可以在每天睡觉前说"我们的未来一定会非常好的"。

我们应该对教育孩子充满信心，相信自己可以和孩子们和睦相处，帮助孩子们过上幸福、美满的生活，这就是我写本书的目的。无论你现在是否走进了人生的岔路，我都希望本书对你会有所启发，帮助你改变思维，步入新轨，让你的家庭充满欢乐。

目 录

第一部分

"强力胶"
不是给孩子用的，
而是给家长用的

我们要面对一个现实，那就是：管教孩子从来都不是一件容易的事。

我从事这个行业二十多年了，既是专业的育儿培训师，又是几个孩子的母亲。所以我相信，所有父母都在尽自己所能做到最好。然而，这恰恰正是关键问题之一。

家长们在做决定时的依据，是基于这样的问题：我怎样才能让孩子这样做（或不这样做）？所有的家长都错误地认为，应该把时间、精力和花费用在找到一个最佳的方法上，让孩子能做什么，或不能做什么。

然而，问题在于：家长们使用的大多数策略只能维持一两天的效果，然后他们就会继续寻找下一个"临时应急法"。

他们从可靠的朋友那儿学习经验，也上互联网上查阅相关文章，或是参加口碑极好的家教培训，有的甚至多遍拜读相关书籍，还用黄色荧光笔标注关键词或关键段落。然而，他们的收效并不太好。他们仍然不能解决这样一个问题：为什么这些方法都不能起到期望中良好的且持久的效果呢？

如果家长们想要有深刻的且持久的改变，那么就需要采用新的方法，同时接受新的思维方式。在这一部分内容中，我会向大家介绍家长们普遍出现的五大错误，并告诉大家一个新的方法。只需思维方式上做一个小小的改变，就可以让你和你的孩子甚至整个家庭产生神奇的变化。

第**1**章

给"杂草"施肥，越施越肥：
问题在于家长对孩子过度关注

你要清楚你自己想要的是什么，不要关注那些无谓的烦心事。只有这样，你才能达成目标。

——博恩·崔西

过度关注孩子，结果只会适得其反。

——维基·柯夫

"杂草"与"肥料"

在我的育儿培训课程中，我会给家长们介绍一套行之有效的方法，帮助他们把握孩子的各种行为举止之间的内在联系，告诉他们针对这些行为的最佳处理方式，以及怎样与孩子形成互动关系，哪种做法会产生正面效果，哪种做法会产生负面影响。

我会让家长们大声喊出孩子身上那些令人反感、让人抓狂的毛病，然后把它们列在一张空白清单的左边。这么做的目的，就是为了让家长们大方地承认，他们是多么想改掉自己孩子身上存在的毛病啊！这样，我让大家一起说出来，他们就会感觉轻松许多，不觉得孩子身上的毛病是个案。

我们常常可以从清单上发觉，在几分钟之内大家反应的问题就有二三十

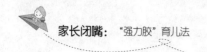

个，而且这些问题之间都是相互关联的。有的时候，在培训课上家长们比较拘谨，需要一些外部刺激才能让他们畅所欲言。但不管怎样，孩子们那些让家长们束手无策的种种问题，还是会被——罗列在清单的左边。

然后，我会在这些问题的最下边，画一株非常小的杂草，再画一道弧线连接到上边罗列出来的问题上。我让家长们把这颗毫无威胁的小杂草想象为孩子们那些令人抓狂的毛病。

我又让家长们说出他们面对这些情况都采用的方法和策略。我同样把他们说的内容记录在了清单的右边。于是，我问家长们："如果在纸的左边列出的是'杂草'，那么大家来想一想，请告诉我，你们觉得右边的这些方法和策略可以比喻成什么呢？"

一阵沉静后，有一个家长说道："是肥料？"

"完全正确！"我回答，"所有你们现在使用的这些所谓的方法和策略，其实起到的是肥料的作用。"

我接着说道："你们这些方法和策略无论是否有效，是有意为之，还是无心犯错，是带有伪装，还是真心实意，都助长了这些'杂草'的生长，让它们生根发芽。但是，如果你定期或持续'修剪'，这些'杂草'就会得到处理。所以，家长朋友们，你们是好心办坏事，那些所谓的方法和策略反而是给'杂草'施肥加料呀！"

我补充道："我知道，这个说法你们会觉得很意外，而这正是问题的关键。在我们的印象中，好家长就要让孩子改掉所有的'坏毛病'。当采用的方法和策略没能把孩子的'坏毛病'改过来时，家长就要用更多的时间和精力寻找其他的方法和策略。殊不知，如果负面的、不好的、让人厌烦的或是有争议的行为是'杂草'，那么无效的教育方法和策略就是'肥料'了。问题就是这么简单！"

我说到这里，家长们不禁要问："这些让人厌烦的毛病到底是怎么形成的？"首先他们要明白，这些毛病的出现并不是偶然的。这一点非常重要！

种植"杂草"

你还记得第一次把宝宝从医院接回家的情景吗？那时，你一刻也不想离开宝宝。即便去洗浴，你也想和他四目对视，建立起深厚的母子感情；你好不容易把他放下，冲进浴室，但总是不断地探出头来听婴儿发出的呼吸声，充当"监视器"，生怕宝宝醒来时需要你。当宝宝第一次哭闹时，你的表现一定和大多数第一次当父母的人一样：冲进卧室，抱起小宝宝，不停地安慰，让他知道你有多么在意他！

是的，只要你冲上前去，对他又哄又吻，他就能乖乖地保持安静。但是，你别想错了，这是宝宝再正常不过的反应了，因为这个时候的宝宝只会通过发出的声音来和我们交流。然而，这种趋势会演变成大麻烦！

"强力胶" 时刻

当宝宝哭闹的时候，你要用"强力胶"把脚与地面紧紧粘牢，让宝宝体验一下没有人来安慰的感觉。这并不是说你不要关心他，只是要让他知道，你还有另一种与他相处的方式。如果每次他一哭，你就跑过来，那么他就会不断地"调教"你。

因此，请放慢你的脚步，把"全速冲刺"变成"闲庭漫步"。

孩子从出生后，就在开始做两件事：

1. 快速学会让照顾他的人注意到自己，直到有一天他能够独立照顾自己。是孩子一直在训练他的父母，而不是父母在训练他。

2. 明确他在家庭中的位置或角色。在婴儿阶段，父母对孩子行为的每一次关注和付出，都无意识地帮助他形成了一些好习惯，或是养成了一些坏毛

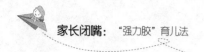

病。随着时间的推移，孩子在家庭中的角色无论好与坏，都会从"根"上决定了他如何看待自己与外在世界的关系。换言之，这会影响他形成理想中自我的模样。

了解了孩子的这些事情，再遇到孩子的某些行为，我们的反应就不会仅仅是厌烦、生气，而会有更深层次的考虑。如果你能理解他的某一行为动机，那么你在和孩子的交往过程中，负面的情绪就会减少。你把事情看得清楚了，心情也会平静许多。

到底是谁在接受训练？

我们接着来说"急忙冲过去安抚哭闹的婴儿"的问题。首先，孩子都会尽其所能，吸引家长的注意，他把它视为一种生存技能。显然，在这个阶段，他需要完全依赖他人，一旦找不到把家长拽到自己身边并且照顾自己的方法，他就无法生存。孩子会想办法找到让家长围着自己团团转的行为方式，他的目的性非常强。虽然这种方式听起来太原始了，但事实就是如此。

因为孩子弱小无助，所以我们的思维定式就是"要保护他"。于是，只要孩子一哭，家长就会无条件地冲过去安抚他。家长在不知不觉中就被孩子训练并形成习惯。即使没什么事情，孩子也会尽可能地向家长索要特别的关注。家长最终会发现，只要他们一把孩子放下，孩子就会开始哭闹，好像他早就知道家长准备把他们放下一样。因此，家长只好面对现实——为了让孩子停止哭闹，家长只能给予更多不必要的关心和照顾。

这第一株"杂草（不必要的哭闹）"真的很让人头疼，虽然它的"根"很细小，但能慢慢地演变为一种习惯。如果孩子每次一哭闹，家长就跑过来安慰，那么，很可能在孩子会走路甚至准备上学的时候，家长依然要整天围着他转。很多家长都有这种感觉，自己陷入了尴尬的境地。身边的孩子明明已经两岁了，却表现得像个婴儿一样。

难道当孩子哭泣的时候，家长不要把他抱起来安慰一下吗？当然不是。家长可以去安慰，而且许多家长都是这样做的，但是很重要的一点是：家长要知道他们的那种做法会滋养"杂草"。家长有求必应的表现实际是给孩子开启了"光合作用"的循环系统，让"杂草"开始生根发芽。家长必须从一开始就扮演好在与孩子相处关系中的角色。孩子要家长抱，这并不是个什么大问题，但如果孩子到了三四岁还离不开妈妈，要和爸妈睡在一张床上，或者除了妈妈，他拒绝任何人，那就有问题了。当然，妈妈第一次听到哭闹去安慰孩子时，并不会想到这曾经的"杂草"会产生如此强大的破坏力。由此产生的现实后果就是：家长外出活动会变得异常困难，出去约会或吃饭绝对会变成一场噩梦。只要是家长必须和孩子分开的外出活动，家长都会费很大劲。

　　家长要记住一点，那就是：孩子虽然非常小，听不懂我们说什么，但是他能读懂我们的行为、语气和态度。孩子想让家长离自己更近，他为了达到目的的任何表现都是可以理解的。然而，家长对孩子的表现反应越大，他就越可能继续这种表现。孩子并没有恶意，也不是精心算计，成心让家长抓狂，但结果就是这样。

不要给孩子贴"标签"

　　当孩子懂得了使用"征服"家长的有效方法，就会发生一些作用于"杂草"与"肥料"之间关系的事情了。孩子通过家长的反应，探索自己在家庭中的位置。不幸的是，大多数家长并没有意识到，自己的孩子已经变成了一个"爱哭鬼"，而且还爱搬弄是非。出现这种结果的原因就是：家长为了迅速让孩子停止哭闹，做出的反应太大，太上心了。一旦孩子成功一次，他就会反复使用这种方式。在这样的恶性循环中，"杂草"的"根"会越来越牢固。现在，大家明白了吧，你越是关注孩子，就越难除掉你想摒弃的东西。

　　家长对这个问题可能有点儿不理解，他们会问："如果他的行为只会让我

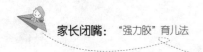

发怒、恼火，而结果很可能就是对他进行惩罚，或是彼此闹得不愉快，那为什么我这聪明、可爱的宝贝儿还总喜欢这样做呢？"答案是你的孩子已认定："我是家里的宝贝儿"。家长对孩子行为的强烈反应，长年累月，让他们明确自己在家庭中的位置。家长们坦言，面对孩子的坏毛病，他们情绪更激动；而面对孩子的好习惯，他们表现得比较平静，没有情绪波动。孩子也会记住，哪些行为一定会引起家长的强烈反应。我不是建议家长要去回顾孩子之前所有的好习惯，这同样教育不好孩子。现在，我要讲两个问题：一是家长的关注点应该是孩子们不想做的事情，二是"杂草"在家庭中疯狂生长的原因。

有关"杂草"的故事

你是否听过家长这样对小女孩说："你什么时候能像个大姑娘一样好好说话？我就奖励你一杯果汁。"我们知道，这个家长是想让孩子意识到："只要我表明我有多么想让她好好说话，那么总有一天她会改正过来"。可我们并不知道，孩子其实是这样想的："只要我不好好说话，就能让家长看着我，和我说话。这就是引起家长关注的办法，这就是我在家里的位置。"

所以，理所当然地，这个小女孩下次依然会用带着哭腔的鼻音撒娇："妈咪，我能喝点儿巧克力牛奶吗？"于是，一次、两次、三次过后，家长对她的哭腔举手投降，只好承认她是个"爱哭鬼"，因为这是家长关注到的女儿的唯一表现。无论家长怎样努力，女儿都改不掉这个毛病，所以她只好接受现实，说自己的女儿是"爱哭鬼转世"。于是，女儿没有辜负母亲的期望，成了一个名副其实的"爱哭鬼"。

这是一个真实的故事，它恰到好处地诠释了"杂草"对家庭产生的巨大威力。

● **对艾米丽来说，哭闹不算什么**

艾米丽是个五岁的小女孩，特别爱哭，是全家公认的爱哭鬼。她从小到大一直如此。她的母亲——简，已经为此烦恼了四年之久，仍然毫无办法。她尝试过的方法有：

"艾米丽，你要是再不好好说话，我就不理你了。"

"艾米丽，我数一、二、三……"

"艾米丽，你再哭我就要罚你了。"

"艾米丽，你说话要像个大姑娘一样才行，否则我就不和你说话了。"

"艾米丽，你总是哼哼唧唧，这样就没人愿意和你说话了。"

"艾米丽，你得换个方式说话，要不我就不理你了。"

……

后来，艾米丽该上幼儿园了，妈妈和她谈了很多次关于她说话方式的问题。妈妈跟她讲，在幼儿园里应该用恰当的方式和老师讲话。妈妈跟她说："如果不改掉这个毛病，你在幼儿园里是会被人取笑的，或者被人认为是个笨孩子。"说真的，妈妈为了让艾米丽进入幼儿园时表现出成熟、可爱的一面，已经尝试了所有的方法。她的出发点没有问题，但是她的做法却让自己成了一个"被勒索情感的人"！

在入园的第一天，艾米丽走进教室，用她娇滴滴的声音说道："摩根夫人，我妈妈让我跟您说，我要坐在第一排，因为我和别人不一样，需要特别关注。"摩根夫人低头看了看艾米丽说："你现在上幼儿园了，从现在开始，你要用大姑娘的说话方式跟我说话，明白吗？"艾米丽笑容满面地回答道："好的，摩根夫人，我完全明白。"

幼儿园的老师是艾米丽生活中出现的另一个成年人，她会和她的母亲一样，关注她的一切。你觉得艾米丽会有什么改变吗？她的语调会改过来吗？没错，一直到她上小学一年级，她才改了。（我们会在后面的章节中详细讲述艾米丽的变化。）

现在大家是不是了解得清楚些了呢？这样的故事还有很多，都是发生在真实的家庭生活中。

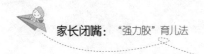

"强力胶"时刻

很简单，封上你的嘴，不要在语言上给哭闹的"杂草"施肥就行了。如果你和孩子说"你再闹，我就不跟你说话了"，结果如何？你还是在跟他说话！管住你的嘴和腿，除非你的孩子又发出别的声音了，这时你再有所表现也不晚。

● 我发现，有些事儿能让妈妈抓狂

杰达和艾丽有两个儿子，他们相处得还算融洽。但突然有一天，他们俩打了起来。一开始是相互挑衅，后来"战争"全面爆发。

八岁的杰克（哥哥）狠狠地打了六岁的詹姆斯（弟弟）。

詹姆斯尖叫道："你打我！"

艾丽急忙跑过来说："快住手！"然后便走开了。

詹姆斯继续挑衅，于是杰克打了他一巴掌。

詹姆斯惨叫道："妈妈！他还打我！"

艾丽快速赶到现场。往返数次后，终于忍无可忍，把电视关掉，强令两人分开，并分别与之谈话。

艾丽看着杰克说："你不要再捉弄你弟弟了！你真是个小霸王。"然后又转过来和詹姆斯说："你受伤了吗？"

第二天，情景再现。爸爸杰达说："你们俩就不能和平相处吗？现在我不准你们俩看电视了，直到你们能够彼此尊重。"

就这样日复一日，"挑衅"这株"杂草"在家里开始茁壮成长，两个孩子知道只要他们一打架就能吸引妈妈的注意，并引发她强烈的反应。杰达的小儿子詹姆斯在这些小冲突中从来都无大碍，只不过有些生气而已。他通过挑衅他

哥哥的方式，到妈妈那里告状，获得了满足；而大儿子杰克则被贴上了"爱欺负人，是个小霸王"的标签，可他在打他弟弟的过程中，并无乐趣可言。

艾丽对孩子们的这些举动以及她给他们贴上的标签，助长了他们之间的这种"互动"。艾丽的每次参与、惩罚和教导，实际上都是在给"杂草"浇灌。难道家长就没有解决兄弟间矛盾的方法吗？绝对有。此时此刻，艾丽所做的这些事情只会让情况变得更加糟糕。

"强力胶"时刻

请把屁股牢牢地粘在椅子上，并在另一间屋子里坐着别动。如果实在克制不住自己，就去邻居家坐会儿。千万不要站起来，跑去调解。矛盾很快就会平息，比你跑过去大喊大叫有用多了。而且，事实证明，遇到这种情况时，你绝不要干涉，会有更好的处理方式。

● 长在床上的"杂草"

当安吉拉是个婴儿时，她每天晚上睡在爸爸妈妈的床上。安吉拉的妈妈伊夫林觉得这是再正常不过的事情了，因为这样可以在晚上睡觉的时候方便随时照顾宝宝。当安吉拉十个月大的时候，伊夫林和丈夫托尼打算在晚上睡觉的时候把她放到婴儿床上，但每次他们一挪动她，她就开始大哭大闹，他们只好继续把她留在他们的床上睡。他们想了很多办法来解决这个问题，但毫无用处。安吉拉的意志力比她的爸妈要强大，并最终赢得了这场"战役"的胜利。

很快，安吉拉五岁了。每天她不是赖在爸妈的床上睡觉，就是需要爸妈陪着她，直到她进入梦乡。伊夫林和托尼的关系也因为孩子睡觉的问题变得紧

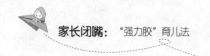

张起来。

不知不觉中，父母滋养了"过分依赖"这根"杂草"，它不仅会挫败孩子的自信心，也会影响到夫妻之间的关系。他们和很多父母一样，想尽各种方法、策略来解决孩子的睡觉问题。他们原以为和安吉拉好好谈，或者哄哄她，甚至吼她几句，就能让她自己睡觉，但他们所做的这一切只会让问题变得更加严重。

● 爱拿别人东西的小女孩

拿别人的东西是不对的，是吧？当然，从法律上和道德上讲都是不应该的。然而，这个七岁的小女孩莉莉，却找到了能让她的妈妈立刻放下所有事情，跑到她身边的方法。

她第一次拿别人的东西是在三岁的时候，当时她拿着弟弟最爱的小卡车满屋子转。妈妈抓住这个机会，好好地教育了她一番，跟她说："别人的东西你不能拿。"从那一刻起，一株小小的"杂草"就种入了"土壤"。在之后的几年里，莉莉总爱拿别人的东西，妈妈也给她贴上了标签，即"莉莉总是顺手牵羊"，同时不断地想办法让她改掉这个毛病。

现在，莉莉七岁了。她从百货商店里拿润唇膏，到图书馆把书藏进自己的背包里，在收银台偷糖果，随时会引发妈妈的强烈反应。为了根除这株"杂草"，妈妈让老师、爸爸、爷爷、奶奶、外公、外婆等人帮忙和莉莉谈话。他们苦口婆心、软硬兼施，却毫无效果。

妈妈为了根除"杂草"所做的一切，反而源源不断地滋长了"杂草"，让它肆意蔓延。莉莉的举止不仅能吸引妈妈的关注，还有收银员、图书管理员，以及所有目睹她的行为和接受她道歉的人。妈妈明白，如果不把这个苗头扼杀在摇篮里，以后将会成为一个大问题。她真的很担心！自己在努力根除女儿的坏毛病，而这株"杂草"却已生根发芽。

"强力胶"时刻

　　管住你的嘴，保持冷静，不要因为担心你害怕的事情会发生，就竭尽全力制止它。你越把孩子当小偷教育，跟他说他的所作所为有多么不齿，他就越要表现得像个小偷。你需要选择另一种关注的方式。只要他"顺手牵羊"的苗头渐渐消失，他真实的样子就会呈现在大家面前了。

● 你们都看好了，我就是在磨蹭

　　布莱恩的父母做事雷厉风行，但布莱恩跟他们不一样。从一出生他就有自己的一套方式，什么事儿都不紧不慢。在布莱恩还不会走路时，他的父母就注意到，布莱恩很爱走神儿，把整个家里的速度都降了下来。他们试了很多方法让他加快速度，但只要他们一停止催促，布莱恩马上就停下来，开始磨蹭。

　　直到快要上小学了，布莱恩还是这个样子。当父母打算带他出门时，他就开始玩；到了吃饭的时间，他就玩电脑游戏；该做功课了，他就上这儿拿点儿东西，到那儿转悠转悠，再喝杯水……布莱恩每天就是这么磨蹭。从他自己的角度来说，他没有理由改变自己的行为方式，而他的父母无论是催促、提醒，还是用物质利诱，都没有任何效果，最后只好采用威胁的方式。例如：

　　"你再这样，我们就不带你去了！"

　　"你要是把时间浪费没了，作业可就没时间做了。"

　　"你要是不穿上滑雪靴，我们就自己去滑雪了，你和保姆在旅店坐着吧。"

　　……

　　然而，这些威胁对让他加快节奏完全无效。布莱恩还是和刚会走路时一样，行动起来慢慢悠悠，做什么事儿都一副不情愿的样子。

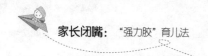

孩子们知道，什么样的举止能够引起父母长期的激烈反应。如果这就是他吸引父母注意力的方式，那么布莱恩绝对是这场游戏的胜利者。

"强力胶"时刻

请闭上嘴，不要总是对孩子的行为和态度喋喋不休。相反，平常生活的节奏该怎样还是怎样。孩子选择怎样的行为方式是他的事儿，而你如何看待他的选择就是你的问题了。只要他发现，你对他的表现无动于衷，他就不会再觉得这么做有意义了。这里要说的窍门儿，就是不要对他的"小花招"太上心。如果你实在做不到熟视无睹，那就戴上口罩。你关注的应该是常规的家庭生活，鼓励他学会独立。

● 查理，回来，坐下！

查理九岁了，依然不情愿地坐在餐桌前，和父母好好地吃一顿饭。那时查理还很小，只要不是妈妈给他喂饭，他就极力抗拒。只要把他放在高脚餐椅上，他就不停哭闹，所以艾米只好把他抱在腿上喂。不久之后，他们打算把他放在椅子上喂，可每次这么做，他都会大发脾气，所以只好继续把他抱在腿上喂。每到吃饭的时候，都得先讲道理，告诉他要像个大孩子，坐在椅子上吃饭。艾米和乔有时还要吓唬他几句："你如果敢从椅子上走开，爸爸妈妈就惩罚你。"

这个故事和之前几个一样，都说明：针对各种情况采取的相应措施，在"杂草"与"肥料"的循环关系中起了重要作用。在查理的事例中，他比父母先搞清楚了状况：他知道自己才是决定在哪儿吃饭的人。现在，他九岁了，全家人还在为这个问题伤脑筋，所有人都觉得无计可施。如果查理的观众都消失了，情况会怎样呢？如果爸爸妈妈不再给"杂草"施肥，结果会怎样呢？

"强力胶"时刻

不要去管他，也不要跟他讲道理，更不要哄他或惩罚他。他愿意干什么就由他去。你的反应需要改变——你就坐在那儿等着。他要是起身离开餐桌，你千万别跟着站起来，把他的盘子撤走就行了。你也不要动气——他不会有事儿的。事实上，他下次就会好好表现的，因为他会饿，饿了就要吃饭。

家长练习

练习1：看看"杂草"是什么？

花一点时间列出孩子那些让你抓狂的毛病。如果他把毛病改掉了，你的生活一定会更加幸福、美满。填好下面这段话，它能帮助你思考，下面的列表可供参考。

将下面这段话补充完整：

如果我的孩子不再_____（填入"杂草"），_____（选择"白天""就寝时"或"吃饭时"）就会_____（选择"更容易""更幸福""更令人高兴""更轻松"或"更快乐"）。

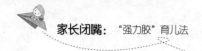

别担心！我不是要以此来评定你的孩子，但实事求是非常重要，这样才能对你有帮助，那些"杂草"将一去不复返。

孩子那些令人抓狂的坏毛病		
打架	在饭桌前坐不住	争吵
打人	不睡觉	给你捣乱
咬人	不听话	丢东西
哭闹	不礼貌	忘记做作业
扔东西	顶嘴	威胁他人
不理他人	不吃饭	喜欢争权夺利
挑衅	不愿收拾东西	不愿分享
乱发脾气	不讲卫生	依赖性强

练习2： 看看你的反应是什么？

在上一题中，你明确了孩子身上存在的"杂草"，完成下面的题目后你就能清楚地知道，自己在面对这些坏毛病时的内心感受及由此做出的反应。

任何"杂草"都能引起你情感上的波动，如烦恼、灰心、痛心、为难、失望或是生气，而体现在行为上可能是喋喋不休、不断提醒、耐心教导、严厉责骂、大喊大叫等。但有一点是肯定的，情感上的波动和行为上的体现都是强烈且持续的。

列出你的反应以及你所有尝试过的方法。

将下面这段话补充完整：

每次我看见/听见_____（孩子的名字）_____（填入"杂草"），我就觉得_____（你的感觉），马上就_____（你的行动）。

如果你的孩子有50株"杂草"，你就填50次上面这段话，一定要实事求是。不要说"我才不会大喊大叫、连哄带骗或是缴械投降"，这么做是为你好。你会看到变化的！所以，你都写出来吧。以下列表可供参考。

你的感觉		你的行动	
生气	沮丧	喋喋不休	判定是非
为难	无能为力	不断提醒	毫不在意
不被尊重	挫败	进行教育	一笑了之
没有威信	想去保护	大喊大叫	摆事实讲道理
能力不够	被无视	威胁	提出要求
失望	不知所措	惩罚	扔东西
无助	不被放在眼里	物质利诱	摔门
非常生气	无法控制自己	保护	生气地走开
道德上受谴责	非常紧张	把东西拿走	插话
身体不舒服	精疲力竭	倒数三个数	指正
失去耐心	失败	暂停一下	假装不在意
心理上抗拒	恼火	进行道德教育	认为只是偶然
烦躁	疲惫	体谅	听之任之
压迫感	能力有限	冷嘲热讽	溺爱
焦虑	被误解	制造负罪感	抵制
担心	难过	公开谴责	决不让步
紧迫感	痛苦	排斥	找借口
一团混乱	压抑	挖苦奚落（有意或无意）	放弃（直到下次再发生）
被伤害	慌乱不安	干预介入	显示权威

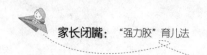
关于"杂草"的再思考

那些令人抓狂的坏毛病就和"杂草"一样，如果你不"连根去除"，它就会死灰复燃。可能有人跟你说过："别担心，过了这个阶段就好了，等他长大了，自然就不这样了！"但遗憾的是，事实并非如此。

如果你和我接触过的大多数家长一样，认为孩子身上的某个坏毛病会因为那个阶段过去了，就会突然有一天消失不见，那么你需要重新思量一下了。孩子们是不可能因为长大了而改掉某个习惯的，只会越来越强化——不管是好习惯，还是坏毛病。无论你多么希望，他也不可能突然有一天早上从楼上走下来，跟你说，他以前的做法有多么荒唐。他不可能这样对家长说："爸爸妈妈，很抱歉，我的态度那么无礼。我真真切切地明白了，我应该把自己的东西收拾好，不应该把它们扔得满地都是，让你们来帮我收拾。"显然，这是完全不现实的。不要以为这些毛病只是孩子气的表现，终有一天会消失。孩子不仅仅通过这些举止来"消遣"大人，背后还有更大的动机。那些让我们头痛不已的坏毛病，通常会延续很多年。

时间越久，孩子就会对自己的做法越来越坚定。而你越是想让他改掉这些毛病，这些毛病就变得越来越明显。

如果你不确信孩子的这些毛病会跟着他一辈子，那么想想你周围的一些成年人，是否有以下这些行为：

○ 习惯性迟到。

○ 不好好说话。

○ 爱发号施令。

○ 喜欢搬弄是非。

○ 制造麻烦。

○ 和别人打架。

○ 指责他人。

○ 不能正确面对失败。

○ 爱指使别人。

○ 比较冲动。

……

不要小视这些小小的"杂草"在整个人生中产生的威力。人的性格、习惯，最重要的是自信心，都会受到影响。当孩子长大成人后，这些毛病虽不至于让他被人讨厌，但确实会使整个人存在一定缺陷，影响家庭氛围。

本章小结

"杂草"就是那些坏毛病

"杂草"就是那些坏毛病，可以快速影响你和孩子之间的关系。你越是想把它根除，它越是枝繁叶茂。你对它的关注就是"肥料"，滋养着它茁壮成长。

从出生到五岁之前，孩子的所有行为都出于两个目的：

1. 怎样才能确保照顾"我"的人总能在第一时间赶到身边，保证"我"的安全？

2. 怎样明确"我"在家庭中的位置？换言之，"我"在家庭中扮演什么角色？

他们会牢牢记住能引起家长最大反应的行为，并把这个行为延续下来，伴随一生。而家长对这个毛病持续的关注，会使它更加难以改掉。慢慢地，它将会成为日常生活中你与孩子交往的一部分，影响着你与孩子的关系。孩子的毛病会更加频繁地出现，越来越难以根除。

如果你的孩子超过了三岁，你会发现他正在养成习惯，而不是改掉

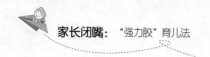

习惯。老师、教练、爷爷、奶奶、外公、外婆、保姆以及其他人，可能都会对他的举动有同样的反应，这样他的坏习惯就形成了。如果不打破这个恶性循环，孩子就没有机会重新定义自己，并开始培养良好的习惯，从而对他今后的人生产生重大的影响。

是否关掉滋养"杂草"生长的水龙头？决定权在你的手中。

有时，这样看问题会有帮助：你的孩子非常聪明，因为从他的角度来说，他没做错任何事，他只是为了得到自己想要的。他"调教"你，其实控制着整个家庭。你只是反复做着同样的事，期望中的变化却没有发生，或是仅仅维持了很短的时间。孩子们依然我行我素，因为对于他来说，这一招儿实在是太管用了。

只要改变你的反应，孩子们的举止自然就会改变了。这就是我要说的重点。到底要怎么做才能让"杂草"枯萎？我来提示一下：把"杂草"放进黑暗的壁橱里，短短几周内，它们就会安静地消失。

"强力胶"时刻

赶快拿个"盒子"，把你所有想要根除的"杂草"放进去。然后，用强力胶牢牢封死，不给空气、阳光和爱，甚至不留任何缝隙。你不要去打开、晃动或窥探它，这样的关注只会给"杂草"死灰复燃的机会。你也不要在公共场合、家庭聚会或家长会上提起"杂草"。既然它已经被放进"盒子"里了，你就不要再谈论它了。

第 **2** 章

"用创可贴治枪伤"，效果不佳：
问题在于家族教育方法失当

> 只有先把破损的部分修补好，你才能再往上面加东西。
>
> ——邦妮·泰勒
>
> 说到育儿，只有两个问题：一是孩子缺乏训练，二是亲子关系不和谐。
>
> ——维基·柯夫

育儿策略分类

在前一章中，我们列举了家长在面对孩子们那些恼人的坏毛病时采用的各种策略、技巧及手段，真是五花八门。然而，这些无效的方法不仅演变成了家长对孩子的关注（即"肥料"），而且滋长了这些坏毛病（即"杂草"），使问题愈演愈烈。主要原因在于：家长在采用这些方法时，随意性太大。

父母从网络、电视、书籍、朋友及自己的父母那儿得到的育儿技巧是非常有限的。同时，这些技巧什么时候用、怎么用等问题也很难掌握，由此导致了我所说的"创可贴"式的策略。也就是说，只要孩子大声一喊，你马上用"创可贴"让他把嘴闭上了。叫喊声可能会停止一会儿，但很快就又会开始，然后你继续用"创可贴"让他闭嘴。

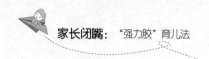

我发现，可使用的育儿策略分为以下两类：

1．经常采用的育儿策略

○ 计时隔离。

○ 让孩子到角落里反思。

○ 耐心教育。

○ 让孩子回到自己房间。

○ 不让看电视。

○ 面壁思过。

○ 剥夺特权。

○ 哄骗。

○ 倒数三个数。

……

这些广为人知、被普遍使用的"创可贴"式育儿策略是多数父母采用的，但是它们都没有长期效果，而且还会破坏父母与子女的关系。

2．不经常采用的育儿策略

○ 大喊，例如："快穿上鞋！走了！走了！"

○ 劝说，例如："喂！你真应该带雨伞，马上要下雨了，你不想被淋湿吧。"

○ 与之讨论，例如："好吧，小家伙，我们到了那儿以后，应该怎么做呀？"

○ 妥协，例如："那么，好吧，这次我把你的作业带回家。"

○ 提醒，例如："别忘了你的校服，还有防滑鞋。"

○ 调停，例如："你们俩给我住手！"

○ 威胁，例如："你要是还这样，回家后，我就把你关在你屋里。"

……

当父母觉得必须采取一些措施以纠正孩子的坏毛病或扭转某一局势时，他们就会随意使用以上这些方法。家长应用这些方法，通常只会让情况变得更糟。

在使用"创可贴"式的育儿策略时，结果都是一样的：孩子更加反抗，家长和孩子都会产生困惑和挫败感，进一步破坏两者之间的关系，无法彻底解决问题，孩子的坏毛病会很快再次出现在眼前。

因此，这就促使我们去寻找"创可贴"之外的其他方式，以根除日常生活中孩子们的坏毛病。例如，晚上该睡觉了，你哄了他半个小时后，刚想离开，他就哇哇大哭。这时如果你用了"一针见效"的方式来解决问题，那效果只是暂时的，第二天晚上依然会"情景再现"。早晨出门或是全家一起去吃饭时，也可能会发生类似的情况。

贴上"创可贴"只能短暂"止血"，不会有持久的改变，而且家庭成员之间也无法建立起有序、和谐、相互尊重、相互合作的关系。如果一种方法不能产生持久的改变，使养育孩子变成一件有趣且有兴趣做的事，那么这个方法是不可取的。

玛丽给我们的启发

● 只为了今天吗？没错！

玛丽的孩子们度过了一个愉快的周末，从表面上看，他们家庭和睦，关系融洽。玛丽认为，孩子们在周一早晨一定会痛痛快快地坐上车去学校。她确信他们会延续这种良好的状态，早晨不会出现孩子们的尖叫声。

然而，她却听到了四岁的汤米用鼻子发出的哼哼声，接着六岁的亚当对他怒吼"闭嘴"，还有九岁的艾玛轻蔑地质问："是谁用完马桶没有冲水？"玛丽知道，她短暂而美好的"蜜月期"结束了。美好的周末不可能如玛丽所愿，延续到周一。

和许多父母一样，玛丽打着如意算盘，希望"创可贴"（而不是一个周密的育儿计划）能帮她找到出路。她每天醒来都希望有奇迹发生——孩子们能有变化，然而现实是，她还是每天不停地对孩子们说"停""要有礼貌，不能

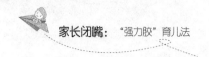

说'闭嘴'""真是这样？快去把马桶给我冲了！""东西都拿好了吗？""刷牙了吗？""别打了！"等诸如此类的话。她要不断重复这些话，而孩子们一路争吵，直到在学校门口才下车。

"强力胶"时刻

　　用胶带把屁股粘在椅子上，手里拿杯咖啡，并在耳朵上贴两块胶带。你好好坐着，品尝咖啡，而不要急着赶往现场。这样无异于抱薪救火！孩子们知道自己应该冲马桶、刷牙，他们只是随便说说这些没用的话而已。你不必在意，也无需参与，他们完全能自己做好！你就假装什么也没听见，坐下来好好筹划一个有持续效果的育儿计划吧。

　　孩子们从车上下来的那一刻，一切都安静了，玛丽长出一口气。然而，她很快又开始为下午接孩子发愁，因为她还要再经历一遍同样的遭遇。她曾在清晨幻想有一个崭新的开始，而现在她的感受只有焦虑，事情被搞得一团糟。

　　虽然在玛丽心里也不相信，在度过一个轻松的周末后，生活就会发生翻天覆地的变化，但她还是寄希望于此，并不知不觉地在第二天采用了"临时应急法"。我们来分析一下，如果她一定要赌早晨会发生哪种情况的话，她其实知道"没有变化"的可能性大。

　　晚上，玛丽躺在床上，觉得自己白天对孩子的管教很失败，像个傻瓜。她暗自说"明天就会不一样了"，可她并没有严密的计划，只是想出了更多"创可贴"式策略。

第二天早晨，玛丽说道：

"汤米，今天我来帮你穿衣服，但明天你必须自己穿。我知道你会自己穿。"

"亚当，今天我来帮你收拾书包，但明天你必须自己整理呀！你应该自己弄好的。"

"艾玛，今天我帮你把面包涂好了花生酱，因为你要迟到了，但从今往后，你要早上自己安排好事情。"

……

玛丽采用的这种管教方法，可以用"关爱"一词来形容。例如：

"汤米，今天我来给你拿外套，但明天你要自己拿。"

"亚当，你训练用的足球鞋我给你带着了，但这是最后一次。"

"艾玛，我会跑去商店帮你买做手工要用的材料，但是以后你要安排好自己的事情。"

……

玛丽改变了策略：周一，严厉斥责；周二，保姆式服务；周三，可能又会采用另一套"创可贴"式策略。这种恶性循环最让玛丽心灰意冷的是：尽管她知道孩子们完全能自己管理好自己，她却无力改变现状。

玛丽掉进了陷阱，不知道怎样才能爬出来。她其实清楚自己的这种管教方法给每个人平添了很多不必要的压力、不安和挫败感，影响了家庭和谐。每当命令、提示、提醒不起作用时，她就会开始哄孩子，或是直接替孩子做事。当她厌烦了这些策略，如果前一天晚上她没有睡好，她就很可能采用威胁的方式。她的育儿方式只有一点是亘古不变的，那就是：她每天都尽自己所能，希望明天能好转，因为今天实在是太糟糕了。她一会儿试试这个，一会儿试试那个，但所有的方法起到的都是反作用。

我为玛丽做了分析。她采用何种管教方式，基本是由外界因素决定的，而她在不同"临时应急法"之间转换，也全部受自己的心情和压力左右。她在意

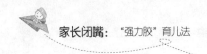

的是"把事情做好"或"一切准备妥当"，而不是"怎样训练孩子"；她在意的是，怕招来杂货店收银员的白眼，而不是教育孩子怎样在杂货店里真正帮她一点儿忙；她在意的是，老师、教练因为孩子们没有做好准备而对他们有所不满，而不是花点儿时间教会孩子如何安排好自己的生活。

我跟玛丽说："你所做的这些，就像是在'用创可贴治疗枪伤'。"她顿时露出了"恍然大悟"的神情。她和我谈了自己的尴尬处境，长达四十五分钟，之后，她终于露出了笑容。

玛丽直言不讳："的确是这样。我仿佛看到自己在打开急救箱，拿起创可贴，用小小的胶布解决大问题，同时我心里在想：'我要是今天这样处理了，会有什么不同的效果？明天再遇到这个情况，我需要再慎重一些。'正如你说的，我是在'用创可贴治枪伤'，四个小时之后，又会流血不止。你这个生动的比喻对我很有帮助，下次我再想用"临时应急法"时，我要仔细想想，对自己的行为负责。"

这个比喻我认为对其他人也会有用。为了改掉"用创可贴治枪伤"的习惯，要首先弄清楚到底什么是"枪伤"。我当育儿师已经二十几年了，我告诉大家，正如"创可贴"式育儿法分为"采用策略"和"不采用策略"两类一样，家庭中遇到最大的问题也分为两类：一是孩子缺乏训练，二是亲子关系不和谐。我将这两类问题称之为"枪伤"。

● 孩子缺乏训练

这种"枪伤"是指孩子没有得到必要的训练，以至于他们无法管理好自己的日常生活。具体来说，就是家长在平日生活中管得过细，总是喋喋不休、不断提醒、妥协、物质利诱等等。家长只会习惯性地用"创可贴"把日子混过去。除非家长让孩子得到训练，学会与家庭成员合作，这种情况才会得到改变。

对于玛丽来说，其实只要她花些时间训练孩子，让他们学会管理自己的生活，很多问题就可以避免。然而，她替孩子们把本来他们能够自己做的事情都做了。和很多父母一样，她认为这样可以避免和孩子较劲，每个人都能更轻松一些。遗憾的是，这却产生了相反的结果。因为孩子们没有受过训练，没有章法可依，玛丽不得不照顾到生活中的方方面面，整天喋喋不休，软硬兼施。

大多数家长都没意识到，自己不仅没有训练孩子，还采用了错误的方法。他们逐渐都接受了孩子的这些表现，也习惯了自己的方式，日子就这么一天天混过去了。父母通常都愿意付出某些代价，以换取片刻安宁。并不是因为他们愿意这么做，也不是因为这是最理想的方式，只是这么做不会让他们有"完败"的感觉。然而，久而久之，他们就会疲惫、厌烦。当这种感觉占据主导位置后，"临时应急法"就没有效果了。

训练孩子需要耐心、创造力和持续性，其中耐心是最重要的。训练需要经过一段时间才能慢慢体现出效果。首先，让孩子学会自己收拾衣服，自己洗衣，自己晾衣等等，用不了多久，你就不再需要帮孩子找袜子了，因为他非常清楚袜子放在哪儿。到了那时，你也就不再需要"创可贴"了。

如果孩子们会自己准备午饭、喂鱼、收拾书包、给老师打电话，他们就不会浪费时间，相互掐架。这套方法可以让母亲和孩子脱离恶性循环，逐渐形成坚固、和谐的亲子关系，使家庭生活幸福、美满。

当孩子们知道如何管理自己的生活，家庭生活也会发生相应变化。家里的一切变得井井有条，家长也可以有时间享受生活，孩子们更是建立起了自信心，因为他们可以主导自己的生活了。

我们再回头看看玛丽的生活，孩子们完全与自己的生活脱节。玛丽掌管着一切：她要安排时间，处理孩子间的冲突，还要替孩子记着每样东西，要让每个人开开心心。孩子们被照顾得无微不至，妈妈精心制定好了生活中的每个计划。孩子们只管调皮捣蛋，出了状况妈妈自然会来处理。

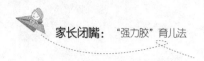

● 亲子关系不和谐

这种"枪伤"更为严重，具体表现为：孩子跟父母的较劲、顶嘴，并威胁或欺骗父母；父母对孩子否定、责怪、辱骂等等。父母在处理这种"枪伤"时会用上更大、更结实的"创可贴"，而一旦"创可贴"无效，他们的情绪会更加激动，从而遭遇更强烈的挫败感。

如果你和孩子的关系不和谐，上述行为就可能会出现。我们发现，当父母与孩子之间出现较劲、沟通不畅、态度恶劣、言语中伤时，父母往往用惩罚、训诫、讲道理、物质利诱、提醒等方法来处理。即便全家人都了解建立起和谐、相互尊重的关系的重要性，父母依然会习惯性用这样的"创可贴"纠正孩子们的坏毛病。

采用"临时应急法"处理问题的父母，很快就会在情感上和精神上产生挫败感。一般来说，进入这个恶性循环的父母很快就会意识到问题的严重性，急切地想改善关系，或是采用"临时应急法"立即灭火，因为所有家长都想把痛苦持续的时间压缩到最短。

我们发现这些与"枪伤"相关的坏毛病，在孩子成长过程中会反复出现。习惯不会消失，只会越来越强化。比如一个孩子在刚会走路时就爱发脾气，那么等他十几岁、二十几岁时，他依然爱发脾气。一些坏毛病还会影响性格，如果无法纠正，父母常常会感到无助、愤怒。他们打算放弃是因为自己无力修复脆弱的亲子关系。"计时隔离"的方法不可能让孩子消气，但尝试修复亲子关系，家长会慢慢发现孩子的脾气变好了。

如果家长在使用"创可贴"解决问题时经历过这种情绪上的折磨，如果家长已准备好做一些改变，那么家长必须面对现实，即承认家长与孩子的关系存在裂痕。如果明白了这点，同时明白使用"创可贴"的结果只会适得其反，那则表明家长已下定决心，踏上了与孩子和谐生活的幸福之路，把"创可贴"扔进垃圾桶。

有了思想上的这个转变，家长在教育孩子时就会改用更有效的方式。我非常清楚，现在21世纪的父母，在培育孩子的过程中有很多压力，还会受到各种新科技的影响，他们面临的挑战是前所未有的。受时间和精力所限，让孩子既得到全面的教育，又能得到体贴的照顾，变得越来越困难。在处理问题时，家长很容易就采用"临时应急法"。有家长说："我明天再训练他，现在确实没时间。"我非常理解。然而，如果父母想让日子过得安安稳稳、其乐融融，就必须先转变思想，同时还要采用新的教育方法。

在本书的第二部分中，我将介绍如何培训孩子，以及如何修复亲子关系。以下表格中我列举了"创可贴"的具体表现以及家长使用它们的原因，这有助于家长更好地理解并应用我之后介绍的方法。

"创可贴"的具体表现	为什么用"创可贴"？
提醒，例如："盖尔，跟姑姑说，谢谢她给你的礼物。"	"孩子能显得很有礼貌，不让我难堪。"
物质利诱，例如："你要是能最先上车坐好，就可以想坐哪儿坐哪儿。"	"这样我上班就不会迟到了。"
物质利诱，例如："我在门口放了一块钱，谁第一个下楼并且准备就绪，这一块钱就归谁。"	"这样我们就能准时到达了。"
安抚，例如："今天晚上我可以陪着你做作业，但明天你要自己做。"	"我不想收到老师的信。"
特许，例如："今天我可以给你再做一个三明治，因为你刚练完足球又累又饿，但明天必须自己做。"	"我不想在车上就把事情闹僵，把整个晚上都毁了。"
没收，例如："现在我就把你的游戏机拿走，因为你对弟弟太小气、太没礼貌了。"	"我实在受不了他们打架，只想他们安静会儿。"
计时隔离，例如："如果你再拿妹妹的玩具，你就到一边自己静坐去。"	"听他们为一个破玩具吵来吵去，实在烦死了。他必须知道自己做错了。"

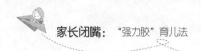

续表

"创可贴"的具体表现	为什么用"创可贴"？
惩罚，例如："如果再对爸爸这么没礼貌，我就不让你看电视了。"	"我真不知道该怎么让他懂礼貌。但如果他有了'切肤之痛'，可能就会听话了。"
忽略，例如："今天我可以把你送到教室门口，但明天是姐姐送你。"	"我真的受不了她再大哭一场。"
投降协商，例如："今晚我可以让你开着灯睡，但明天要关上，以免打扰哥哥和姐姐睡觉。"	"只要能让我们睡上一会儿，怎么都行。"
讨价还价，例如："今天我会开车送你上学，但明天你要自己坐公交。"	"这么做日子能好过点儿，省得听他哼哼。"
帮忙，例如："我会帮你取忘在桌子上的作业，但其实应该你自己去。"	"我不想让老师觉得自己的孩子偷懒或者很笨，如果因为这个老师给了零分，他就进不了优等生名册了。"
溺爱，例如："这次看电影我可以给你买糖果，但下次你要用自己的钱。"	"这样就不会在众人面前丢脸，或者觉得这样就能度过一个愉快的下午。"
训诫，例如："不管怎么说，我也会开车把你送到商场，尽管你很没礼貌。我只想跟你说，坐在车上表现出这副样子是不对的。"	"我不想让你生我的气，这会让我的生活变得更糟。我真是不愿说，让你离你的朋友远点儿。"

我知道，有时我们觉得自己不得不做某些事。我也不想像其他母亲一样窘迫不安，希望我的生活是平静的、和谐的。然而，我知道源源不断的"肥料"会滋养"杂草"生长。使用"创可贴"后，我们的淘气鬼很快就会继续调皮捣蛋。在这样的恶性循环中，家长最终会发现，他们其实变成了家庭生活中的"人质"。

孩子们依然每天我行我素，逃避责任，而父母虽然过着毫无乐趣的生活，但从未站在孩子的角度进行换位思考。这不是孩子的错，他们之所以变成现在的样子，不单单是他们自己造成的。家长在教育孩子时注重即时效果，喜欢使用"临时应急法"，这样就滋生了很多孩子的坏毛病，同时运用错误的方法训练孩子，致使家庭矛盾愈演愈烈。最重要的一点是，这会导致孩子没有机会犯错误，无法从错误中吸取教训。孩子不能学会独立，不能担当起更多责任，不能学会与人合作，不能使自己的心智更强大以更好地管理自己的生活，同时不能让家庭生活更加和谐、美满。

第**3**章　当孩子的"全能"保姆：

问题在于家长不理解孩子的真正需求

> 找借口没有用，生活还得继续。
>
> ——罗西尼·巴尔
>
> 不要什么事都替孩子做了，他们自己会做的。
>
> ——鲁道夫·德雷克斯
>
> 如果他们能自己学着走路，那么他们就会学着自己做事。
>
> ——维基·柯夫

在前一章中，我们谈到了两种"枪伤"——孩子缺乏训练与亲子关系不和谐，以及为什么"创可贴"不仅不起作用，还会干扰你期待出现的长期、持久的变化。现在，我们就来探究一下：为什么"孩子缺乏训练"（或者说"缺乏对孩子的训练"）会成为当今这个快节奏的时代中很多家长在培养孩子的过程中遇到的一个主要问题？

一开始家长都是出于好意，想让孩子的生活与自己紧密地联系在一起，或是想让孩子出去和朋友们一起玩，或是想帮他收拾书包，帮他准备体育课要用的东西。也许只是因为家长习惯安排好生活的一切，当孩子出生后，家长的责任心陡增，需要把家庭打理得井井有条。也许家长在想："什么样的家长才算是好家长？"于是他下定决心要当一个好家长。但无论他是有意的，还是无心的，家长的角色渐渐转变成了保姆。他肩负起了家庭的一切，既要把家庭成员紧密地联系在一起，又要擦桌、洗衣、做饭等，方方面面全都要照顾到。家长一点儿时间都不能耽误，特别是当家里有客人来访时，或者在早晨九点公司要开会时。家长让家里的一切都一尘不染、井井有条，所以必然在一天结束后，累得筋疲力尽，完全体会不到生活的乐趣。这一切都是从家长成为保姆开始的。对不起，我实在想不出好听一点儿的词来形容了。

四个错误观念，让家长变成了保姆

家长之所以日复一日地替孩子做了很多孩子可以自己做的事情，是因为他们被头脑中的四个观念"挟持"了，不知不觉中变成了孩子的保姆。

观念一："孩子不是非得做事情不可。他们很快就会长大，他们应该在能享受生活的时候好好享受生活，并快乐地成长。"

观念二："孩子只会把事情搞砸。我的要求高，事情要按我的方法做，孩子达不到要求。"

观念三："孩子是家长的镜子。所以，我要让孩子上学不忘带东西，穿戴要整齐，这个是非常重要的。"

观念四："孩子真的需要我来帮忙。"

● **现实就是现实：即便做了保姆，也不能解决问题**

如果你已经担当起了保姆的角色，那你必须悬崖勒马，搞清楚自己为什么会变成保姆，同时透过现象看本质，看看你这保姆的角色对家庭里其他人产生了怎样的影响。你可能觉得自己是在为孩子打造一种"完美的生活"，但如果退后一步，我们就会清晰地看到，给孩子当保姆并不是个好办法。下面我就分析一下这四种错误观念的错因，并用一个小故事来为大家剖析一下：为什么以保姆的角色为家里人解决一切问题并不能让生活变得更加美好？

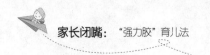

错误观念一："孩子需要生活得快快乐乐。"

很多家长都坚信，称职的、慈爱的或完美的爸爸妈妈应该一切为孩子服务，这样孩子才能无忧无虑地成长，不被成人的世界困扰，并享受快乐的生活。这些家长整天围着孩子转，一会儿送吃的，一会儿帮着系鞋带，还要为他们排忧解难，把生活安排得舒舒服服、妥妥当当，为的就是让孩子避开生活的压力和负担。他们尽管自己不堪重负，但并不介意为孩子服务。他们真是觉得这么做是非常值得的!

● **令人崩溃的清单**

那时我刚工作不久，还没开始做育儿培训师，我和一个朋友相处了几天。她的人生目标就是：要为孩子打造一个完美的世界，远离成人需要承受的压力和责任。下面就是我和她在短短三天的接触中的所见所闻，我真是感触良多!

珍妮做事向来有条不紊。每天早晨都是手拿一杯咖啡和一份"待办清单"。清单上列的全是她要为孩子做的事情，目的就是让他们可以按时出门上学。孩子们还没起床，她就利用早晨短暂的安宁时刻，给孩子收拾书包、洗饭盒、洗臭袜子等等。她准备好三份午餐后，就把它和孩子们的书包放在一起，放到了门口的凳子上。一切准备妥当后，孩子们需要做的只是睁开双眼、不假思索地穿上衣服、吃早点、背上书包，并准备开始新的一天的学校生活。

我看她在屋里忙得上蹿下跳，心想："她要做的事儿可真不少啊!"然而，这才刚刚开始。她倒上第二杯咖啡，又一路小跑来到楼上叫孩子们起床，给他们穿衣服。我虽然看不到楼上的情景，但每个字我都听得清清楚楚。三十分钟过去了，没有一个人下楼。我在楼下品茶，听着楼上珍妮说的话：

"贾斯丁（八岁），该起床了。我已经把闹钟给你关了，又按了两次'小睡'按钮了。你现在要快点儿了，因为我让你多睡了十分钟。"

"乔治（六岁），该起床了。我就再让你多睡两分钟。看好了，我现在上表，一会闹钟响了，你要保证两分钟后起床，听懂了吗?"

滴答，滴答，滴答，一会儿闹钟响了。接着我听到：

"乔治，我不可能再让你赖床了。你要再磨蹭就非迟到不可。我现在要去叫你妹妹了，乔治。"

"格雷斯（三岁），该起床了，瞌睡虫。我知道你最痛恨早晨，是吧？咱们现在要换尿布了，我可以抱你一会儿。来吧，格雷斯，你的尿布该换了，不然就会把妈妈弄湿了。拜托了，宝贝儿！"

期间，我还听到"乔治，你穿好衣服了吗？""贾斯丁，你不会又睡着了吧？"等等。

之后，忙碌的场景转移到了厨房，孩子们坐在那儿一脸迷茫。他们不算调皮，但对妈妈为他们开始准备的舒适的一天所付出的努力熟视无睹。即便她整个早晨这么忙碌地为孩子准备，哄他们起床，但还是会看到孩子表现出不高兴的样子，他们注意力分散，并且表现得并不满足。

珍妮最后终于把孩子都弄上车，开车走了，而我则回去继续睡觉——我早已感到筋疲力尽。下午放学回到家，早晨的一幕再次上演，直到晚上孩子们上床睡觉。这种情景我看了两天后，坦率地让珍妮解释一下："为什么你要把自己安排得如此忙碌，使自己更像孩子的保姆，而不是母亲？"

她思考了很久，总结道："为人母是我人生计划的一部分。我很明确我要当一个好家长，对怎样教育孩子有很清晰的思路，其中就包括'我要给他们一个梦幻般的童年'。童年应该充满冒险、刺激、欢乐、惊喜，同时让孩子有安全感。让孩子享受童年，这有什么不对吗？"

"有什么不对？"我当了二十多年的育儿指导师，一直反复问自己这个问题。

如果你觉得以下情况无所谓，那么确实没什么不对：

○ 你在一旁等着那个小家伙时，不觉得厌烦。

○ 只要孩子的生活可以更加舒适，他是否记得你对他的付出并不重要。

○ 你的孩子觉得自己理所当然地享受妈妈保姆式的照顾，你并不介意。

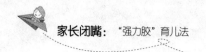

○ 当孩子上大学了，还不知道如何操作洗衣机或其他设备，你觉得无关
紧要。

○ 由于家人都没有责任感，整天混日子，导致家庭生活毫无乐趣，你觉
得无所谓。

○ 你不愿意给孩子接触世界、从社会中学知识的机会。

……

尽管珍妮为孩子们做了一切，但依然每天要对着他们喋喋不休、不断提
醒甚至训诫。这似乎有些说不通。很多事情她都不让孩子们做，就是怕他们
不开心，但事实上她希望他们可以主动做一些事情。

这种错误观念会导致这样的结果：父母会不堪重负，导致情绪不稳定；孩
子没有感恩之心，被过分宠爱，娇纵成性，越来越喜欢要求别人、依赖别人，
缺乏安全感，没有处理生活中一些简单问题的能力或经验。

可能会有人觉得，我这么说有些小题大做，但我的经验表明，孩子在成长
过程中得到无微不至的关爱，对其成长有百害而无一利。保姆式的照顾不能培
养孩子今后人生所需要的能力，因为当他们长大后会发现，真实的世界与家里
天堂般的完美生活完全相反。

当我和珍妮告别时，她跟我说了最后一句话："如果你找到了处理这个情
况更好的方法，请告诉我。"我离开后，思考了这个问题很久："到底怎样才能
让父母脱下保姆服，让他们不生孩子的气？"后来，我就这个问题研究出了我
的育儿方法。

"强力胶"时刻

当你在家忙得团团转的时候，让你的好朋友给你绑上"强
力胶带"。然后，朋友再把你捆在椅子上，这样你就无法跳起

来，帮孩子解决问题了。往后退一步，你也依然是一个伟大的妈妈。请记住一点：童年就是一个学习的阶段——需要实践，让孩子在真实的世界里学会各种技能。当没有了"超级妈妈"的精心呵护，孩子们便会形成自己的价值观，还会树立自信心。请给他们一些空间！你利用这些时间读上一本书，或出去跑跑步，好好享受自己的闲暇时间！

错误观念二："我速度更快，做得更好、更利索，我是个完美主义者，如果所有事情我来做，反而更简单。"

许多家长之所以变成了保姆，不是因为他们想让孩子的生活变得丰富而多彩，而是因为他们要将生活的方向盘握在自己手里。他们觉得，如果不这么做就会巢倾卵覆。这和人的性格也有关系。我觉得，我自己是个改良版的控制狂。我个人的感觉是：如果让孩子参与到家庭事务中，那么事情肯定不会按"正确"的方法进行。

● **妈妈决定一切**

托妮是一个典型的A型行为者[1]，有两个孩子，什么事情她都要管。她非常严厉，比较情绪化，但绝对是个和蔼可亲的妈妈。她什么事儿都全力以赴，对家里的一切了如指掌。家里大大小小的事儿全部由她仲裁，大到家规，小到购物清单、时间安排等等。

珍妮整天在屋里忙乎，把孩子的一切都安排得妥妥当当，不求回报。然而，与托妮不同，她做事风风火火，从不拖沓。她的孩子知道妈妈期望他们做

1　译注：一种行为范例或行为模式，其特征是性情急躁，有高度进取心和紧迫感。

一些事情，所以他们确实付诸行动了。当所有人在享用营养均衡的早餐时，她还在忙着给孩子选衣服，把东西放在门口准备好，还不忘给老师在课前发邮件。孩子吃完早餐后，跑上楼，匆匆穿上衣服，刷完牙再跑回楼下。托妮会准时坐在车里，杯托里放着一杯热咖啡，等着孩子们跑上车。如果万一谁忘带了什么东西，她也有备用计划，或者赶在上班前调头回家取。

托妮还爱做规划。孩子放学回家后，她会一边让孩子做事，一边跟他们说他们都需要用到什么，在哪儿能找到这些东西。她每天都提醒孩子把水瓶装满水，带好零食，穿好校服，等等。孩子们参加哪些课外活动，全部由她做主，孩子自己没有任何发言权。但托妮还算公平，她不强迫他们参加所有的活动，可她认为孩子需要全面发展，这是她的责任。在这个问题上没有商量的余地。孩子们参与的活动包括朋友生日派对、校园活动、公益募捐等，涉及各个方面。

厨房的干净、整洁对她来说非常重要。如果允许孩子进入她的领地，他们一定会把面饼、面糊弄得到处都是。她是不会让这样的事情发生的。她制定了厨房规定，指定了用餐区域，因为她不愿意整天在屋子里"收拾残局"，不想把时间、精力浪费在这里。让孩子们参与制定决策，其实是创造了一个相互讨论的环境。然而，托妮觉得没必要这样做，理由是孩子太小。

她还非常重视学习成绩，每天给孩子改作业，每次都会参加学校举办的讨论会，和老师私下联系，定期登录学校网站查看孩子在学校的表现。她在孩子做功课这件事上扮演着特殊角色，她要确保孩子有足够的学习资料。当孩子渐渐长大，功课越来越多时，她发觉和孩子之间开始出现了冲突。但是，她觉得学习非常重要，如果为此她必须花上一个小时教育孩子，不管用什么方法，严厉斥责也好，哄骗威胁也罢，只要需要，她都会去做。她绝不允许孩子得低分，影响考大学，不能让别人以为她的家庭不知道良好教育的重要性。他绝不允许这样的情况出现。

A型行为者这种保姆式的角色对身边发生的每个细节都会提出要求，评论时总是面带笑容。如果孩子想自己决定或做某事，她会习惯性地从头管到尾。

很快，孩子们就会感到厌烦并最终放弃。

托妮就是采用这种方法的家长（可能你也如此）。并不是因为她不想让孩子自己处理，而是因为她觉得，让他们一起参与会错误百出，会把事情搞砸。理论上讲，让孩子参与是对的，但她对我说："也许我应该让孩子自己的事情自己做，参与到家庭生活中，但是我愿意按照固定方法进行，这样对我来说更容易。我办事有自己的程序，况且我还是个完美主义者。孩子们不可能做好，那我为什么要多此一举呢？大家都相信我，而且我能按照自己的方式把日子过得井井有条，这有什么不对吗？"

如果你属于以下情况，那么你没有什么不对：

○ 不担心你的孩子不会自己完成某项任务，或决定某事。

○ 不在意他逆来顺受（例如，你对他说："听好了，按照我说的做，小家伙！"）。

○ 有一天，他决定再也不受任何人控制，从而开始控制别人，你不感到惊讶。

○ 孩子没有自信心，不敢尝试新鲜事物或承担风险，从来没有自己的喜好、风格、办事习惯和解决方法。你对此并不介意。

○ 你在替他做他能自己做的事儿，但就是不让他试一试。他对此并不介意。

○ 因为他们无所事事，所以孩子之间以及你和孩子之间的冲突越来越多。你对此并不担心。

……

进入这种恶性循环的家长容易忽视一个问题，那就是：扮演"保姆"角色的家长打造的干净整洁的家庭环境和有条不紊的生活，会导致孩子叛逆、较劲、怨恨，甚至沟通能力差。但家长也许会这样说："如果每件事孩子都按照我的方法做，那么孩子让我有点儿心烦又有什么关系呢？毕竟他穿戴整齐了，房间也整洁了。"

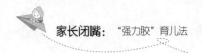

然而，问题在于：这种观念会导致家长大包大揽，孩子们没有机会学习如何管理自己的生活，并对社会家庭做出贡献，他们感到自己的价值不被父母认可。孩子们会觉得自己没有用，只好选择调皮捣蛋。妈妈替孩子打理好了一切，但当他们长大后，自己什么也不会。这绝不是父母期望出现的结局。

 **"强力胶"时刻**

> 我知道，对于完美主义者来说，很难做到"放手"。去拿一卷胶带把眼睛和嘴巴粘上。也就是说，从这一刻开始，你要克制自己，在孩子们做事时不要干预，不要让他们遵照你的方式。你再也不要管袜子是否完美，床上是否收拾得干干净净，手工作品是否完美，同一件衬衫是否穿了三天。你必须说服自己，一点点的细节不会有大问题，孩子们能做出恰当决定。例如，孩子可能会喜欢他穿了三天的衬衫，但他就是喜欢这件。你要给予他信任的眼神，给他鼓励，看看会发生什么事情。

错误观念三："如果我的孩子看上去不优秀、没礼貌、不懂公平竞争，那么别人就会觉得是我失责，是我教育孩子的失败。"

有些家长之所以手持"盾牌"，是因为他们认为孩子是自己的一面镜子。这样的家长特别在乎别人的看法，宁可自己做点儿牺牲，也不能让外人误解，所以一定要保持外表光鲜亮丽。这样的观点听起来有些肤浅，完全没必要，但很多家长觉得，公众会通过孩子的表现来评定他们是否是一个称职的家长。

● 我的孩子就代表了我

凯蒂也和珍妮、托妮一样，每天忙忙碌碌的，在家里擦擦这个，洗洗那个，不让孩子碰任何东西。因为她觉得，如果孩子跟着捣乱或者家里脏兮兮的，朋友们会认为她是个马虎的妈妈。

我是在一次讨论会上认识凯蒂的。她承认她包揽了家里的一切事务，但现在感到筋疲力尽了。我问她："是什么让你变成了保姆？"她说："别人评价我这个当妈妈的怎么样，是看孩子的仪表、举止和在学习和赛场上的表现，人们看他们是否尊敬师长，是否愿意与他人合作，甚至看他们是否使用礼貌用语，等等。"

凯蒂认为，孩子必须仪态端庄、懂礼貌，这才是个好孩子，家里必须料理得井井有条，家庭生活需要反映出她在家里掌管一切，以体现自己是个好妈妈。她说："我的孩子和家庭就能说明我的一切。"正是这个观念把她逼到了绝境，任何事情她都要操心，从整理牛仔裤到刷厕所，甚至叠被子，家里的一切她全包了。

当我和凯蒂一对一面谈时，我发现她处于高度警惕状态，时刻关注着孩子的举止是否有不当之处。她要随时掌控一切，观察是否需要亲自介入，进行矫正。凯蒂太在意别人对她的看法了。孩子的生活，只要是她能指挥的，她都要干预。在她看来，一个母亲的价值就在于其他人怎样评价她，以及自己的孩子有多么优秀。

我问凯蒂："你是否可以不那么在意别人的看法？"她说："我也想释然，但我不想被人说'瞧，就是他家的孩子干的好事'，我不能冒这个险。我不能破坏我精心树立起的形象，这种形象对孩子的未来很有帮助。"

我想了想："这么多年我遇到过不少这样的父母。是否外人认为你是个称职的父母，你就真是如此？"然而，事实不是这样，而且这个说法也不成立。如果你属于以下情况，那么你也就无所谓：

○ 孩子是你的财产，而不是一个有权自己成长、自己选择喜好、有自己性

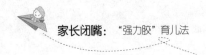
格的个体。

○ 当孩子处于叛逆期的时候，他不愿考虑你的面子问题。你对此无所谓。

○ 孩子对他人吹毛求疵，品头论足。你并不在意。

○ 孩子发现你一直将他打造成一个"完美的孩子"，但其实他并不完美。
你对此并不介意。

○ 孩子意识到自己只是你的战利品，他们存在的价值只是为了体现你有多
优秀，从而失去对生活的勇气和热情。你觉得这样无所谓。

○ 孩子把你形容为一个专横跋扈、只关心自己面子的人。你对此并不
介意。

……

有这种错误观念的家长过于在意外界的看法，忽略了真正重要的东西——
和孩子们一起经历人生的成长过程。这种共同的记忆就是家庭的意义。孩子
的人生就是要让他知道：无论是家长，还是孩子都会犯错，错误必定会带来
麻烦。是的，生活需要我们把自己的瑕疵展现出来，同时，父母要给孩子机
会，让他们学会适应、学会接受，而家长也要学会不以外在的标准判断一个
家庭。

"强力胶"时刻

请把窥视孔用胶带粘上！外面发生了什么，谁在敲门，都
没那么重要。还有，把耳朵和脚也用胶带裹住。你不要那么在
意孩子说的话会让你难堪，或是损害你的形象，也不要总想着
干预或纠正。就让孩子们去讨论、闲谈或争论吧！如果他们真
做错了事，你再说"不"也不晚，还给他们喜欢某人或不喜欢

某人的权利。

只要做到充耳不闻，你自然不会再为了自己的脸面去干预或纠正孩子的行为。等孩子长大后，当孩子假期回家来看你的时候，外面的世界早就不是现在这个样子了。你和孩子的关系才是最重要的，而其他的东西真的无所谓。

错误观念四："我不想让孩子长大，想让他总是在我身边，所以我要确保他时刻需要我。"

最后，我再谈另一类家长，他们需要孩子，认为达到这个目的最好的方法就是让孩子尽可能久地或尽可能多地依赖自己。

● **"被需要"的妈妈**

琼就是这样的妈妈。我第一次见到她时，她认为自己不存在我前面说的那三种错误观念，但说到第四种时，她才恍然大悟——自己为孩子做了所有的事情，但孩子并不领情。她和同班的家长分享到：

"为什么我在家什么事情都管？问题全在我！我甚至从来没考虑我的女儿伊娃的感受，我做所有的一切事情是为了让自己觉得有人需要我。我什么事情都要管，不管她是否真的需要我。我原来以为这是在帮她，能让我和她的关系更紧密，但我现在明白了，我全错了。我让自己变成了保姆，让自己觉得自己很有价值，认为这是和孩子亲近的方法，但更重要的应该是如何教育孩子。女儿现在都九岁了，不应该还需要我早晨叫她起床，给她做麦片粥，保证她准时出门。这些都是没必要的。显然，她事事都问我的意见，让我来为她决定一切，这对她并没有好处。是时候让她明白，她应该自己做决定，不需要靠妈妈

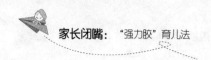

了！我从来没想过由我一直主导她的生活是个大问题，我现在终于明白了。"

我知道，她从这一刻起，已经开始做回妈妈的角色了。

如果你有下列想法，那就另当别论了：

○ 希望你的孩子有被束缚的感觉，因为你想拥有"被孩子需要"的感觉。

○ 期望有一天孩子和你断绝关系，离你远去。

○ 你的目的是让孩子明白：如果没有你的帮助他就不敢做任何事情。

○ 你就是要掌控孩子的人生。

○ 愿意牺牲孩子的人生换来自己的满足感。

○ 能接受一个现实，即当孩子长大后不再依靠妈妈了。

○ 希望孩子的人生道路上充满各种风险与挫败。

○ 不介意孩子二十岁时还处处需要妈妈的帮助。

……

如果你符合上面说的这些情况，那我也就没什么好说的了。家长之所以会变成保姆，是因为这样他们能感受到自己的重要性，与孩子是否需要这样的照顾毫无关系。只要你能意识到，在孩子的成长阶段让他时刻处于你的监控之内，对他一点儿好处都没有，这种错误的观念是最容易被发觉并改变的。

孩子们想要的是什么？

如果你意识到自己变成了保姆，那么我来告诉你：怎样退回到原来的位置？你为什么要脱下保姆服？为什么要让孩子做自己的主人？

1. 孩子想要自食其力

从孩子降生的那一刻起，对他们来说最重要的一件事就是"自食其力"。他们会通过"我可以做"或"我不需要你的帮助"来展现自己。如果你总是替他们做好了所有的事情，那么他们"自食其力"的一面就不会显现。当这种驱动力受阻，孩子们会沮丧，会产生挫败感，当然还会伤害他们的自尊心。自尊心建立在两个基础之上：第一，能拥有满足自己基本需求的能力；第二，拥有与他人合作的能力。如果家长剥夺了孩子的这两个能力，那么灰心丧气的孩子只好调皮捣蛋，制造麻烦了！

2. 孩子希望自己有能力

不管你信不信，其实每个孩子都一样。他们都希望自己有能力解决生活中的问题。比如：早晨什么时候起床，选择穿什么衣服，早餐吃什么，带什么零食上学，午餐吃什么，等等。如果他们觉得自己的能力不够时，他们就会上演"我弄不了，你来帮我吧"的伎俩。于是你便去帮忙了，但这并不是他们想要的结果，或者说这并不是他们真正想要的结果，因为这很可能会招来家长的斥责。家长越少参与他们应该自己做的事情，他们就会变得越独立，越愿意承担起更多的责任。

3. 孩子想有自主权

当你替孩子做了他们可以自己做的事情，孩子会开始认为，所有事情由你做是理所当然的。一旦你没有做，他们便迁怒于你。由你做所有事情是孩子再乐意不过的了，但是他们会因为你不做了而生气，也会因为你让他们什么也学不会而生气。他们可能因为你忘了帮他们装滑雪服而跟你生气，但他还会纳闷：为什么自己不能管理自己的东西？然而，他们头脑中"妈妈会帮我弄"的想法，让他们不仅无所事事，而且还容易发怒。如果他们有更多的责任感和自主权，他们就没有那么多理由责怪你，同时也有更多的机会树立自信心。

最后，我将给我们带来烦恼的错误观点，简要归纳为以下几个方面：

◇家长自己做更容易。

◇家长自己决定一切。

◇家长自己很称职。

◇家长自己需要"被需要"的感觉。

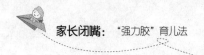

也许你并不完全同意我所说的观点，那么请你花一点儿时间，想一想：是什么原因让你一直穿着"保姆服"？把它记下来。是担心家里不整洁，还是担心家里没规矩？你是想让所有事情都按照你的方式进行，还是顺其自然？你会从中发现一些有用的信息，找到解决方案。

亲爱的家长，请你放下重担，脱下"保姆服"吧！

第 **4** 章
坚持管教，收效甚微：
问题在于家长内心的恐惧

> 很多恐惧，其实都是自己想象出来的。
>
> ——尼尔·唐纳·沃尔什
>
> 作为父母，如果你所做的决定是出于恐惧、担心出现某事，那么你就不是在为孩子的最大利益着想。
>
> ——维基·柯夫

在第3章中，我们谈到了"枪伤"的问题以及家长如何使用"创可贴"来处理"枪伤"。他们没有看清真正的问题所在，那就是：孩子没有经过训练，没有形成主动参与的意识。现在我们讨论一下"枪伤"的问题，因为家长们总是把它当成管教孩子的借口。

初为父母

在孩子降生之前，每一对夫妻都会梦想做父母的感觉，都会想到如何抚养自己可爱的宝宝。这是多么令人兴奋的时刻！我确信，你会记得与孩子共度的美好时光，以及你对孩子未来生活的所有承诺，但肯定不包括你对他们的尖叫、斥责和惩罚。你会成为一个冷静、慈爱、充满自信的家长。你会以一种令

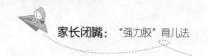
人钦羡的方式引导孩子一步步地走过人生之路，和孩子建立起一种特殊的关系，两代人之间亲密合作、相互尊重，没有争执和吵闹。孩子享有充分的自由，同时你也有自己的自由空间。

父母都清楚自己需要什么以及孩子需要什么，并描绘孩子降生后的生活愿景。他们期望每一天都充满爱，其乐融融。家长自己会不断努力，以便使自己与孩子相处的时光成为伴随自己一生的美好回忆；他们期望孩子在九岁时依然像刚出生时那会儿一样，与自己如此亲近；他们期望孩子在十几岁时自己仍然可以指引他们，而不是成为他们的对立面；他们期望在忙碌一天后回到家中，不会听到孩子吵架、告状，而是大家围坐在餐桌前愉快地交谈……

父母希望孩子能够自己做决定，为自己的行为负责，并且有自我纠错的能力；父母希望自己是孩子的同盟和坚强的后盾，在家庭里受到尊重和爱戴；父母希望和孩子共同享受生活，同时拥有他们自己的私人空间……因此，在维持一个充满关爱和尊重的完美家庭关系的过程中，父母十分珍视这些梦想、期待和愿景。

不幸的是，许多家长并不能如愿。当他们的家庭愿景不能实现时，当他们的乖宝宝变成了一个喜欢吵闹、性格固执的顽童时，他们便开始拿出各种"杀手锏"，强制将现实中的"他"改造成自己理想中的"他"。这就是愿景与客观现实的强烈碰撞。家长们马上找出他们预先准备好的各种策略、方法并加以实施，以求挽回他们失去的梦想、愿景和幸福。

在不知不觉之中，家长的育儿策略的重心就从"与孩子建立和谐关系"转入了"严加管制模式"，即要求孩子按照家长的意志行事。他们甚至意识不到，这完全背离了家庭生活的基本原则。一旦进入严加管制的育儿思路，他们便渐渐远离了自己当初绘制的家庭梦想的蓝图，转而寻求援救方法来"控制孩子"，以约束孩子的行为。因此，当情况偏离了正常轨道时，家长必须有所认识，知道有解决办法。它会让家长们找回当初的梦想，将他们关注的重心转回到与孩子"建立和谐关系"的轨道上来。

家长对孩子严加管制，不愿意与孩子建立和谐关系，是因为他们害怕出现下列四种情况：

一怕：放任孩子的不良行为，家长的权威何在？

二怕：如果孩子不知错，他就不会吸取教训。

三怕：孩子现在不接受管教，家长以后没法管。

四怕：担心沟通不起作用。

一怕：放任孩子的不良行为，家长的权威何在？

如果这是你害怕的原因，那么实际上你已经认定，自己的孩子无法管教了。你努力地树立权威，而孩子（甚至是可爱的婴儿）在胡闹的时候，绝非有意为难你。

或许你害怕遭到陌生人的白眼，不希望孩子把你搞得一天不得安生。你也不希望别人看到孩子的这些毛病，并劝你管管孩子。所以，你要不时地给孩子一点"颜色"。

你立志对孩子绝不能放任，对他们采取"宽严并举"的管教方式，而当孩子在公共场合胡闹时，你会立即制止。这不失为一个好方法，不过你还是回到了使用"创可贴"策略的老路。

之前，在班里学习的一位母亲就抱有这种害怕心理。她举手对我说："您说的确实有道理，我的问题是：我也想到了沟通策略，可又一想，与其让他满屋子乱窜，还不如我自己忙乎呢？"这话逗得全班学员都笑了。这是一句大实话。她在尚不懂事的四岁孩子面前是不愿意"放权"的。

这位母亲和许多人一样，犯了一个通病：将沟通策略与一味地宽容混为一谈。她不想失去权威，哪怕只是面对一个四岁的孩子。她要保持自己的掌控力，这无可厚非，但归根结底还是害怕心理在作祟。因为她始终不相信她的孩子"能自己玩，无需大人照顾"，而这种信任是建立在相互合作、遵守秩序和

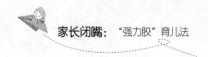

富有责任感之上的。缺失了这种信任，她自然心里没底。

我们暂且放下这个问题，看看成人之间是如何沟通的。

对于我们成人来说，沟通的关键在于平等。没有人愿意受制于人，或被人说成是"独裁者"。我不是说成人之间不存在不平等的关系，但是它们绝非是我们愿意接受或愿意长期维持的关系。平等关系的基础需要在初期建立。个体之间需要相互尊重，愿与对方为友，相互支持，求同存异。这里还有一个相互适应的问题，比如：也许你的朋友约会迟到了，但你爱他，所以能谅解他；或者你愿意提出折中的方案，比如：你的女朋友希望你带她周末外出度假，而你没时间，于是你就请她晚上去餐厅吃饭。要注意的是，你千万不可以把自己的意志强加于她，让她做出相应的改变，不要怕自己因此显得没有个性，没准儿她会因此在返回的路上与你"闹分手"。你也知道，如果你不努力维护好这种关系，它将逐渐结束。如果你不希望发生这样的情况，就应该处处主动。维持关系要以大局为重，不要拘泥一些日常小节。

如果你这样想"算了，我可不指望孩子会成为我的朋友"，那就另当别论了。其实我只是建议家长与孩子建立相互尊重的关系，家庭成员之间需要包容对方的不足。我要强调的是，每个人都会在现有的条件下做出最大努力，而不是真要家长与孩子结为挚友。我在这里告诉大家，对待孩子就像是对待自己的亲密朋友一样，要达到一种相互尊重、相互爱戴、相互包容的完美境界，并且在他需要时为他指出　条正确的人生道路。

沟通策略不是要求家长处处放手，对孩子听之任之，或是在教育孩子的问题上用空洞的说教代替认真的培养。沟通策略要求的是：作为家长，你无权以自己的喜好来安排孩子的生活。当然，应该有一个平衡点，可以使每一位家庭成员能够平等地交流。

孩子都希望了解自己，知道自己喜欢做什么，以及如何与外界社会接触。我们不能认为，那些给孩子自由发展空间的家长或让孩子自己支配命运的家长，是无能的人。他们是在建立一种相互尊重的关系，这种关系有利于孩子的身心发展。如果让孩子自由发展，而不迫使孩子成为我们要求的模样，我们就一定会看到他们神气活现地出现在我们的面前，并且成为家庭中的一个活跃分子。同样，如果我们在孩子年轻时与他们建立起良好的关系，那么当他们成年后离开家，独自步入人生的旅途时，我们会感觉自己对他们成长的付出有了回报。做到这一点并不困难，而且可以乐在其中。

二怕：如果孩子不知错，他就不会吸取教训

如果你是这样一位家长，认为如果人（包括孩子在内）不吃点苦头就不会吸取教训，那么当你看到孩子犯错时，你就会立即拿出教训对方的"杀手锏"，即便过分严厉，也在所不惜。

例证一：七岁的女儿在学校里骂了一位同学，你要让她明白这样做不好。于是，你除了要让她知道这样做的直接后果（这个同学可能再也不跟她玩了），还要对她进行一系列惩罚（从没收她喜欢的玩具到训斥并让她产生负罪感），要让她觉得自己干了一件极不体面的事情，这种事情只有坏孩子才会做。你的目的无非就是要让她强化这种意识。

例证二：五岁的儿子一看见两岁的弟弟靠近他的积木，就会一把将他推开。你再次看到这种情况时，让他立即住手，跟他说你要将积木没收三天，让他好好反省一下自己的行为。

例证三：六岁的女儿偷着玩你的手机，被你发现了。于是，你对她未经他人同意使用他人物品的行为进行训斥，然后把她最喜欢的玩具拿走，以示惩戒。

我们要了解一点，那就是当孩子（包括成人）处于惊恐、困惑和紧张的时候，训斥的效果会大打折扣。一旦出现这种情况，人们就会产生自我防范的心理，明辨是非的能力自然消失。每当你大动肝火，对孩子严加训斥的时候，孩

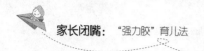

子无法分清他的行为与你的训词之间有何关联。"训词"已失去实质内容，只留下了清晰的怒骂声，诸如"你太不像话了""你太让我失望了""你简直不可救药了"，等等。而孩子真正需要吸取的教训是：应该善待自己的同学，不要推搡弟弟，使用他人的东西要征得他人同意等。这些建议根本没有入耳。它早已被蒸发掉，孩子内心留下的只是一些毫无价值的感觉。

"强力胶"时刻

下一次你想训斥孩子的时候，控制一下自己。你要用胶带封住自己的嘴，话一出口就不中听了，不要只留给孩子一些毫无价值的话语。这并不意味着你坐视不管，你首先要端正态度。当你火气正旺、情绪激动的时候，心想"我这次饶不了你"，于是对他一通劈头盖脸的训斥，这能管用吗？孩子的耳边会响起熟悉的字眼，诸如"你太不像话了""你太让我失望了""你简直不可救药了"，等等。你不要说话，先冷静下来，然后以平和的心态与孩子交流发生的事情。

显然，那些认为让孩子要"吃点苦头"的家长不愿意把精力过多地花费在与孩子的沟通上。但是，如果你的首要目的是让他吸取教训，那为什么不试试世界上最好的教育方法呢？那就是"顺其自然"。"顺其自然"是我们常用的方法，如果你不愿意改用沟通的方法，那么就好好了解一下"顺其自然"蕴含的巨大能量吧。如果你知道了"顺其自然"的效果，你的顾虑会完全消除，你的孩子也不用等你开口就明白自己错了。

一个举动、一个习惯或一次"不愉快的经历"产生的结果是自然形成的，与家长的干预毫无关系。自然形成的结果既无关于家长是否在场，又无关于家长的主观愿望。

以下是我们经常使用的一个典型范例：室外温度有点低，孩子出门忘了戴帽子。这个问题的基本情况假设如下：

○ 外面很凉。

○ 孩子把帽子忘在家里。

○ 孩子休息的时候觉得有点凉。

○ 孩子觉得身体不舒服。

○ 孩子第二天出门时戴上了帽子。

○ 孩子会找别人借一顶帽子，或者他会把衣服捂在耳朵上。

○ 小事一桩，孩子会自己解决。

这就是一个"顺其自然"的过程。孩子会从事情本身吸取教训，无需家长介入。

家长一般都希望赶紧纠正错误。他们认为，及时告诉孩子"你应该如何做"可以加深印象。其实，孩子根本不需要。孩子自己最清楚冷热，无需妈妈替他戴上帽子，再加上一番呵斥。这样的情景，家长都见过吧？

因此，如果你又想找机会"教训"一下孩子，其实也是想与他沟通一下。孩子经历的每一件事，做出的每一个决定，犯下的每一个错误，都是外界在帮助他学习和成长。孩子每时每刻都有机会学到他不懂的东西。有些时候孩子犯了错误，却侥幸逃脱。有些时候他没有那么幸运，要花费很长时间才能从一次经历中吸取教训，比如：由于自己的霸道和自私而失去了朋友。总之，家长无论如何都不要采取强硬的方式"教训"他。

亲爱的家长朋友们，你还能回想起上一次有人冷不丁地教训你一顿的情景吗？你是从中学到了东西，还是感觉心情郁闷而默默离开？"顺其自然"就是最好的处理方式，它会帮助你排解你和孩子的压力，并且改善你们之间的关系。

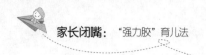

"强力胶"时刻

　　需要的时候，你要尽可能多地使用"胶带"，并且尽可能在必要时封住自己的手、脚、嘴巴、耳朵和眼睛，这样你才能使自己保持轻松的心态。"顺其自然"可以表现在生活中的方方面面，你应该使之成为一种常态。

　　如果你的孩子有点霸道，你不要直接纠正或教训他。也许他活泼有趣、招人喜欢，小朋友们并不介意他有点霸道。你不要去教训他，那是他自己的事儿。孩子能自己吸取教训。"我告诉你应该如何如何"，这样的说教方式极不可取。这是他的问题，让他自己解决，不需要你说三道四。

三怕：孩子现在不接受管教，家长以后没法管

　　在某一年的一个讲习班中，一位家长讲出了大家的心声："孩子非管不可，这样才能成长。没有规矩不成方圆。我不愿意看着他为所欲为，让他成为一个无法管教的孩子！"她的这番言论博得了一片掌声。

　　"好吧！"我对学员们说，"你们能够举出几个例子来说明孩子要你们严加管教？"

　　一位家长回答，他可以列出一大堆事情。例如，他的孩子：

　　○ 和别人打架。

　　○ 早晨赖床不起。

　　○ 吃晚饭时吵吵闹闹。

　　○ 到处乱扔玩具。

○ 跟大人耍嘴皮子，没大没小。

　　○ 不守规矩。

　　○ 丢三落四，耽误大家的时间。

　　……

　　这位家长继续说："我觉得这些事我非管不可，否则我一天都不得安生。"

　　我截了她的话，说道："依我看，你刚才列出的事情都不需要管教。我认为这些事情发生的根源可以归为两点：一是他们缺乏训练，二是你们的关系没处理好。其实，这两个点都好解决。"

　　这位母亲一脸迷茫，我接着说："我想问各位几个问题。你们有没有多次用同一方法解决孩子的问题？用过十次以上的请举手。其中包括常年唠叨、提醒、训斥、哄劝、叮嘱等方式用来纠正孩子的行为。"

　　全班的学员齐刷刷地举起了手。

　　"用过二十次以上的，请举手。"我接着问。

　　没有一个学员把手放下。

　　"同样的方法使用多次，乃至上百次，就可以彻底解决问题。有这观点的家长请不要把手放下。"我继续追问。

　　在一段时间的等待后，一只只手慢慢地放下了，最后留下了五只手。

　　"最后的一个问题：愿意整天与孩子这样相处的家长，请不要把手放下。"我最后问道。

　　最后，所有人都把手放下了。

　　唯恐自己管不住孩子的心理造成家长过度地使用"创可贴"策略，给孩子造成了负面的影响。家长越是依赖其中某一种方法，孩子就越是"不好管"。这种方法似乎不是在教育孩子，而是在加剧家庭成员之间的不合与矛盾。家长越是想让孩子"循规蹈矩"，他和孩子之间的关系就越紧张。它直接影响到家长与孩子之间建立互信、互爱的和谐关系。

　　家长特别害怕出现这种情况：如果孩子长期不受大人管束，他将来可能会

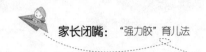

成为不可救药的人。家长希望孩子做到敬老爱幼、中规中矩的心情是可以理解的。但是许多家长认为，只要孩子不严加管束就必然会学坏，这种看法是毫无根据的。事实上，当我听到家长们诉说他们孩子的"种种劣迹"时，我常常心存疑惑："他们真的是在说自己的孩子吗？"一位家长跟你说她的孩子不可救药了，你呢，耸耸肩，一笑了之，因为你了解这个孩子。你见到这个孩子的时候，觉得他可听话了，决不会做出任何出格的事。如果我们也能够这样看待自己的孩子，就没必要大惊小怪了。

四怕：担心沟通不起作用

在培训班上，我问家长们："你们都有哪些和孩子沟通的方式？"他们总结了下列几条：

○ 与孩子一起读书。

○ 与孩子一起做有趣的事情。

○ 与孩子一起做游戏。

○ 与孩子亲密接触。

……

这些不能算作"沟通"，只是与孩子相处的方式而已。这往往正是沟通不畅的原因。沟通策略需要长时间积累，不可能即时见效。

良好的沟通可以解决以下问题：

○ 养成良好的行为习惯。

○ 建立家庭中每个成员自觉遵守的秩序。

○ 培养孩子自我解决问题的能力。

○ 形成相互尊重的交流方式。

○ 分担家庭的各项工作。

○ 解决兄弟姐妹间的争执。

○ 对孩子设定合理的期望值。

○ 每个家庭成员都对自己有所要求。

○ 树立行为典范和价值观。

○ 强化家庭成员之间的关系。

……

我们希望看到的是相互合作、相互尊重、相互支持的家庭关系，其中充满着关爱和理解。出现隔阂时，每个人都能共同想办法解决。每个人彼此敞开心扉，倾听对方的意见，就不同意见相互协商，最后达成共识。换句话说，每个人都在努力建立这种对大家至关重要的关系。

要想找到与孩子保持健康牢固的关系的平衡点并不容易，帮助他们成为具有独立人格、独立思维、有责任感并能够适应社会的人更不容易，而让他们心中充满爱、处乱不惊，发生任何情况都能淡定地对待，更是难上加难。但是我保证，这是能够实现的，其中充满乐趣和惊喜，特别值得我们期待。

在后面的章节中，我会与大家分享更多解决问题的方法和策略。与孩子建立良好关系的前提，在于你是否能够全面实施沟通策略的要诀，是否能够完全放弃大包大揽的管教方法。

第5章 育儿步入恶性循环的圈子：问题在于家长的思路不对

> 思路决定出入。
>
> ——比尔·威尔逊
>
> 育儿策略本身并没有问题，而是家长在实施策略时的思路有问题。
>
> ——维基·柯夫

到现在你应该明白，把你搞得惶惶不可终日的根源是你滋养了"杂草"，使用了"创可贴"，不愿意与孩子进行良性沟通。你会发现，自己只能呆呆地愣在那里，找不到方向，眼前一遍又一遍地闪现那个令你烦恼的情景。你抓耳挠腮，不知如何是好。你一旦感觉无计可施，就会另辟蹊径，想办法让孩子乖乖听话，或是干脆自己替孩子收拾玩具、整理衣物、擦洗桌子；或是上前劝架，让他不要欺负弟弟；或是教育他不要顶嘴，叮嘱他赶紧做作业，等等。

你一定有这种亲身体会：周一用来痛斥孩子不端行为的方法，到周三再用时就完全失灵了。这是因为它没有从"根"上解决问题。孩子感觉不到生活的轻松感和愉悦感，反而觉得有压力，处处不顺，被人管制，孤立无援。这绝不是你想要看到的情景，但是应该如何走出困境呢？

你始终摆脱不了这个怪圈，其中的关键就是你的思路有问题。如果不反思你的思路，那么无论你使用何种方法，都将无济于事，只能在这个怪圈里循环往复。从现在起，你要记住这点，那就是：思路决定出入，模式变化了才会有好方法。

新思路指导我们不断前行

我们看一看，那些疼爱孩子的家长都会遭遇哪些困境，在育儿的问题上屡屡受挫？首先，我们先简单地回顾一下前四章的内容。

在第1章中，我们用事实证明，作为家长的你，无论如何都想要改掉孩子的坏毛病。你没有意识到，孩子出现的问题就好比花园里的杂草，你对它们如此关注，非但不能清除杂草，反倒给它们施了肥。

你本来只是想让孩子改掉坏毛病，结果却事无巨细，不该管的也要管，整日喋喋不休，或大声责骂，或苦苦相劝，或威逼利诱。孩子无非是干了些调皮捣蛋的事，让你心烦意乱。然而，无论你下多大的"功力"想改掉他们的坏毛病，但收效甚微。为什么？因为你的思路没有改变。你始终这样认为："功夫不负有心人，我就不信改不掉他的坏毛病！"

为什么会出现"给杂草施肥"的恶性循环？因为你的关注点严重错位。你实际是在给孩子的坏毛病"加油"，让它们点燃你心中的怒火。你的本意是减缓"杂草"蔓延，结果却让它们占据了你所有的空间。你关注的是孩子的行为，并不是与他们建立良好的关系，结果负面效应日积月累，最终导致"大爆发"。

在第2章中，你是被动防御，即运用见招拆招式的"创可贴"式的策略，意在维持家庭正常运行，不考虑由此给家庭关系带来的长期损害。

这种思路让你不断退让、妥协，或采用威逼恐吓的手段。总之，你想尽一切办法熬过一天，争取睡个安稳觉，你会发现，自己每天重复地使用着这一套管教方法。你始终认为："这是我多年积累的精华，岂有不用之理？"

然而效果如何呢？你的"创可贴"策略和每日重复的育儿方式令家庭中的

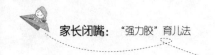

每个成员惶惶不可终日。你会发现，家庭成员之间缺乏合作精神，而你的育儿方式会令每个人整天垂头丧气。问题依然存在，并且无法解决。

在第3章中，你使自己完全成了一个保姆，整天忙忙碌碌，像个受气包。你觉得这样反倒省事，孩子无需帮忙。但你身为家长，并没能发挥做家长的作用。这样的家庭怎么可能快乐、幸福呢？

这样一种思路使得你对孩子的事情或是一律包办代替，或是尽量讨好他们，让他们与自己合作，并且事无巨细，样样按照你的意愿帮他们安排妥当。再有就是警告他们："如果不守规矩，一意孤行，将影响你在家中享有的'特权'。"这样的想法让你相信自己有责任让每个人都不出任何差错，而对于孩子来说，即便向他们提出这样的要求，也纯属奢望。你不得不使出浑身解数，家庭才能正常运转。你头脑中标准家长的形象及和睦家庭的模式从未改变。这种坚持源于你不变的思路："孩子太小，什么也干不了，他只会给我帮倒忙。还是我自己来吧，岂不皆大欢喜？"这样导致的结果就是：你为孩子做得过多，觉得自己与其说是家长，不如说是保姆。你感到忙碌劳累，心力交瘁。而孩子呢？你会对他喝三吆四，而且你越来越没有信心。

在第4章中，你害怕加强沟通会引起麻烦，这将进一步恶化家庭气氛。这种思路让你坚信：必须守住"阵地"，毫不放松，对违反自己愿意的行为予以痛击，否则局面将一发不可收拾。你不愿意在与孩子建立沟通关系上投入精力，原因是：孩子会觉得你这个家长宽容并且软弱。由此导致什么样的后果，不是明摆着吗？你不想在沟通上下工夫，因为你的思路与其格格不入。你始终认为，用沟通的方式是培育不出优秀的孩子的。

可结果如何呢？你害怕在沟通问题上过分投入时间；你对沟通的效果没有把握，认为这种育儿方式不可行；你觉得自己非"干些什么不可"，所以事事操心，结果适得其反，并且加剧了家庭不和。

家长们陷入这种怪圈，是因为他们信息闭塞，找不到正确的指导思想。他们并不知道，只要少参与孩子的事，或对孩子的行为不过分关注，双方的关系就会大大改善。如果过于理想化，对孩子的期望值太高，精神高度紧张，或是过分关注别人对自己行为的评价，那么我们的育儿效果必定大打折扣。我们希望找到一种万能的育儿方式，结果却使问题复杂化，离幸福、和谐的家庭愿景更加遥远。

新方法，新思路

如果你确实希望与孩子建立一种相互信任的合作关系，希望他们能够在温馨、和谐的家庭氛围中成长，那么你首先要了解你的家庭的现实情况。新方法会改变你的思路，从而使整个家庭关系发生变化。这就意味着我们要诚实地面对客观现实。你是否真的认为：

○ 一个出言不逊的孩子长大之后会成为一个没有礼貌、行为不端的人。

○ 自己担当起所有家务，说明自己非常爱孩子。

○ 如果每次不纠正他的不良行为，后果会很严重。

○ "好孩子"的标准就是听家长话，说话轻声细语。

○ 兄弟姐妹之间现在就拌嘴吵架，到了他们十几岁的时候会更难以管教，甚至会变得蛮横无理。

……

答案是否定的。我们谁都不愿意让事情发展到这一地步。其实，我们都清楚，与孩子建立良好的关系才是最重要的。但是如果每天只想着如何教训他们，我们就会深陷其中，看不到问题的本质。

家长要想改变思路，就必须敢于接受这个现实。思路的转变列举如下：

○ 孩子的态度没有问题，我非要让他改变才是问题。

○ 孩子发牢骚不是问题，我过于关注才是问题。

○ 孩子发脾气不是问题，我加入其中就成了问题。

○ 孩子早晨上学前丢三落四不是问题，他缺乏训练才是问题。

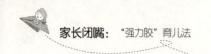

○ 孩子发泄心中不满不是问题，看到他调皮捣蛋，我立刻面显怒容才是问题。

○ 孩子和我不配合不是问题，我处处挑毛病、事事予以纠正才是问题。

○ 孩子不听话不是问题，我提出各种要求才是问题。

○ 孩子习惯不良不是问题，我要求过严才是问题。

……

沿着这样的思路坚定地走下去，家长会通过这些变化开辟出一条成功之路：

○ 放弃所有无效的教育方法。

○ 让时间去解决问题。

○ 看重孩子的成长与进步，忘掉不愉快的事。

○ 将令人心烦的往事抛在脑后。

○ 在孩子身上多投入一些情感。

○ 孩子乱喊乱叫并非针对我这个做家长的。

○ 有足够耐心，让风波自然消散。

○ 如果我再等上五分钟，对孩子有点信心，事情就会过去。

○ 有自知之明，不去做那些只图一时之快的事情。

○ 孩子想穿哪件衣服，做什么样的决定，他的爱好，他的情感等，我一律尊重。

○ 从此再也不干预孩了的事。

○ 只要孩子不是身心出现问题，我都尽可能不予过问。

○ 尽管我不愿意，但他想做的事情，我还是支持。

○ 我最终的目的是认可孩子的做法。

○ 相信孩子一定会比我当初要求的做得更好。

○ 不能从孩子的行为判定自己是否称职。

○ 凡是爱思考、好奇心强的孩子都很难缠。

○ 爱探索的孩子出岔子的几率多一些。

○ 自信心强的孩子都有主意，要给他们更多的自由空间。

○ 适应能力强的孩子克服失败和挫折的能力也强。

……

上述的问题看似天方夜谭，但是我可以保证，只要你把这些想法铭记于心，再阅读下一章节提出的解决问题的方法，那么你一定能学会如何做个好家长，如何经营好家庭，开启一番新天地。

显然，这种思路上的改变并不意味着：只要你意识到了自己的问题，就会在孩子的身上发生立竿见影的变化。你们之间的良好关系需要建立在相互信任的基础上。它只是意味着，你承认了自己之前的做法无效，同时也承认：自己原先视为不可逾越的障碍是那么微不足道。

转机：打开你的育儿思路

现在到了真正剖析自己育儿思路的时候了。

第一步：拿出一支笔，记下家中存在的所有问题。列出一个表，包括餐桌上的争吵，不能按时完成的家庭作业，以及兄弟姐妹间的不团结现象。表中的内容要充实，这样才能有更多的思考。

第二步：阐述详细情境。例如：

○ 早晨发生的事情

"孩子们赖床不起，如果我不帮忙，他们从不自己穿衣服，或是不穿我给他们准备好的衣服，也不好好吃早饭，搞得大家不欢而散。最后孩子们随便吃了几口就上汽车了。结果毫无疑问，今天大家都迟到了。"

○ 家庭作业

"孩子们都知道，只有做完作业才能看电视，但是他们就是在那里磨蹭，找各种借口，快到睡觉时间才不得不拿出作业本。因为没有看成电视，他们一肚子怨气。这时我已经筋疲力尽，想睡觉了，而他们还得写三十分钟的作业。"

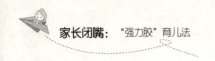

○ 上床睡觉

"一进入到晚睡时间，孩子们又开始磨蹭了。什么牙膏味道不好啦，睡衣不舒服啦，再有就是抱怨没有看成电视，或是让我躺下来给他们讲故事。三十分钟之后，大家在争吵中互道晚安。"

○ 家务活儿

"孩子知道我想让他们帮忙干家务，但每次我让他们干点儿什么，我总是碰钉子。如果我厉害一点儿，他们就会乖乖听话，但只有一两次管用。如果我许些愿，他们也会帮我，但还是只有一两次管用。总之，他们最希望的是我把活儿全干了，还有时间陪他们玩儿，给他们讲故事。"

第三步：问一问自己，为什么对这个问题如此纠结？把答案记下来。其中的答案可能包括：

○ 孩子早晨起来非得我帮忙不可。我不去帮忙，大家肯定天天迟到。至于我自己，就到公司的洗手间再化妆吧。

○ 如果我每天不盯着，他们就不能按时做作业。如果不完成作业，他们就会留级，将来不能上名牌大学。

○ 如果我不催促，他们就不能按时上床睡觉。如果我不替他们安排好一天的生活，他们会说我不爱他们。

○ 孩子的天性就是懒惰，如果我不逼他们，他们才不会帮我干活儿呢！

……

现在好好梳理一下表格中的内容。你会明白自己有哪些想法出了问题。当然，每个家长的看法可能会大相径庭。

第四步：这是新思路的起点，而由此必然出现新的现象。

如果孩子早晨起床后有诸多不良习惯，而且你知道问题出在对孩子的训练不够，那么方法很简单，往后退一步，用你的新思路去指导孩子就行了，孩子会从中受益的。你应该根据孩子的个性和爱好来安排他一天的生活，培养他们的独立性，鼓励他们大胆尝试，允许失败，直到他们完全适应，并不断取得进步。例如，你要相信，不是孩子成心捣乱，而是你没有给他们立规矩。他们不知道早晨起床后该做什么，或怎样才能做好。其实，这并不是期待孩子有什么不同表现，而是让你静下心来，重新认识面对"问题"，并开拓新的思路。

改变思路难度极大，但效果明显

在与上千位家长接触之后我发现，让他们改变自己的观点，接受一种崭新的思路，非常困难。这对于那些长期在错误的观念指导下，将家庭关系引入歧途的家长，难度更大。他们通常会觉得，这样无异于承认自己是个失败者，而育儿良方却遥不可及。

改变了思路并且认为我们能够处理困扰自己的问题，意味着我们打开了一个全新的视角。它能够帮助我们从一个目的更明确、内容更全面、前景更乐观、方法更有创造性的视角来教育子女。这就是我所说的"无穷威力"。

我投身这一事业已有二十余年，许多灰心丧气的家长跟我讲述他们不幸的遭遇，说自己为孩子费尽了心机，却把家庭搞得一团糟，把自己逼得走投无路。我特别同情他们。我知道他们确实在为孩子着想，想做一个称职的家长。我真想伸手帮帮他们。我现在能做的就是将自己在艰难抚养五个孩子时经常激励自己的方法分享给大家。

我们都在充分利用现有的信息，尽可能将事情做到最好，用这些新方法改变自己，改变我们的家庭氛围。

让我们努力争取吧！

第二部分

取出"强力胶"，
加强沟通，增加信任

看完了第一部分的全部内容，你可能此刻要问："如何将上述的'新思路'应用到今后实际的生活中呢？"答案是：有请"强力胶"闪亮登场。它将使你从只关注于孩子的坏毛病，转而开始培养他们的独立性和责任心，使他们成为有礼貌、适应能力强的孩子。你要训练自己，让自己少说话，少替他们做事，少干预他们的生活，让孩子自己管理自己，同时要求他们主动承担起家庭的责任。只有这样，他们才有更多的机会锻炼自己，提高自己，从失败中汲取教训，在关键时刻能自己调整生活的航向。

你可以在必要时用"强力胶"封住自己的嘴巴、双手，乃至身体的任何部位（这似乎有些夸张），其目的就是：不要贸然介入或接管孩子的事。你要意识到，孩子能够改变自己。当你接触到更先进的教育理念时，你的思路自然就会发生变化。

当你明白"作为家长，孩子的事情应该少干预，不要处处介入"时，你就将家庭关系拉回到你当初预想的轨道上了。家庭关系将从原来的争斗、强制和紊乱的状态转变为相互合作、相互尊重。简单说来，就是多用"强力胶"，加强沟通，认真训练，建立互信。

二十年多过去了，我可以坦诚地说，每当我与孩子产生隔阂的时候，我仍要继续使用"强力胶"。有时，我会不由自主地对孩子的反应做出回应，根本不走脑子。当出现这种情况时，"强力胶"就能提醒我，先反思一下：我的教育方法是否有效？总而言之，孩子在成长的过程中也在不断变化。今天发生的问题与昨天发生的问题未必有什么联系。"强力胶"育儿法是我感觉最快速、最有效的育儿方法，它不断提醒我：怎样做才是真正意义上的育儿？育儿就是家长要与孩子长期沟通，把他们逐渐培养成积极热情、具有很强独立性的成人。

获取新信息能够帮助我们随时调整育儿策略，这需要我们少说话，多观察。在后面的章节里，我要向各位阐述：如何现实思路上的微小转变？孩子更多的自主空间，对于每个家庭成员都将产生长期而深远的影响。

　　你应该清楚，"强力胶"是给家长准备的，不是给孩子们准备的。因此，你要做好准备，封住自己的嘴巴，养成新的育儿习惯。说的话虽然少了，但是心里要做到的事一目了然了。不过，请家长们注意，遇到关键时刻，该说的话还是要说的。

第6章

鼓励，鼓励，再鼓励！
修补支离破碎的亲子关系

> 在我最不值得被爱的时候，爱我吧，因为此时的我最需要它。
>
> ——瑞典谚语
>
> 你愿意与什么样的人合作，是那些专横霸道的人，还是那些信任你、尊敬你的人？
>
> ——维基·柯夫
>
> 用他们的耳朵听，用他们的眼睛看，用他们的心灵去感受。
>
> ——阿尔弗雷德·阿德勒

从"关注孩子的行为"转入"与孩子建立沟通关系"

沟通策略是给希望与孩子加强联系，并且受到孩子爱戴的家长参考使用的。所有的策略都旨在维护正常的家庭秩序，建立相互尊重、相互理解的家庭氛围。沟通策略能够解决抚养子女过程中产生的家庭矛盾，其中包括：每天准时出门上班或上学，处理兄弟姐妹之间的纠纷，让孩子自觉自愿地帮助家长干家务，等等。沟通策略可以帮助家长和孩子在家庭处于困境时团结一致，同时帮助家长认识到：给孩子多一些自主权，多一分信任，孩子就能学会在未来生活中遇到问题时找到正确的应对方法。这一点对他们来说很重要。这也正是这个策略的神奇之处。一旦家长与孩子建立起牢固的联系，对孩子的事情不再包办代替，一切都将出现变化。

如果这些还不足以说明问题，那么请家长记住："你们的下一代可能成为家庭、社会、国家，乃至整个世界的'领导者'，难道他们不应该在孩童时代培养一些所需的技能，先把他们自己的事情管理好，以便将来去处理国家大事吗？"我绝不是在开玩笑，这个世界里人与人之间的关系相互交错，不是相互合作就是相互对立。我们要先从家庭做起，引导孩子从小与家人建立起良好的关系。

那么，家长怎样才能将对孩子行为的"微观化管理"转化为"建立良好的宏观关系"呢？这里我要给家长一个好主意，它可以帮助大家改变观念，在育儿领域中开拓出一个崭新的局面。

家长的做法只会是下列两者之一：

○ 在孩子的成长过程中，家长不断干预，阻碍他成为一个具有独立性、有责任心、有能力、懂得尊重人和适应性强的大人。

○ 在孩子的成长过程中，家长经常与其沟通，培养他成为一个具有独立性、有责任心、有能力、懂得尊重人和适应性强的大人。

很多时候家长出面干预，其实是出于好心。许多家长认为，他们帮孩子树立正确的价值观、养成良好的习惯所使用的那种"创可贴"式策略就是在与孩子加强沟通。问题也正是出在这里。作为成年人，家长如果一直坚持做自己认为正确的事，即便无效也不放弃，那么育儿理念怎么会改变？也许这就是你现在选择读这本书的原因。家长很清楚沟通的重要性，但正是脑子里那个"道理是对的，但是这能管用吗"的想法束缚了我们的手脚。家长在理论上能够接受，但一触及实际就不愿意与孩子沟通。

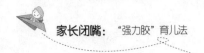

"强力胶"时刻

如果你发觉自己对孩子苦口婆心、谆谆教诲仍然无济于事时，就赶紧用胶带封住嘴巴，直到自己消气。孩子不需要你时刻在他旁边指导。孩子也不可能一进家门就与你泡在一起，时时刻刻都在你的监控之下。与孩子形成这种关系既不正常，也毫无效果。你就放手让他们"迷失"在自己的小世界里，这并不意味着你撒手不管，也不意味着孩子会离你而去。

● 第一步，自己做出改变

现在你应该将育儿理念从"关注孩子的行为"转入"与孩子建立沟通关系"。这一步对你来说就是一个飞跃，因为在你的育儿理念中已经认可对孩子放手的方式，或在某些领域不再干预孩子的事务。这样就为你与孩子建立良好的关系打开了方便之门。这样一来你早晨就能准时走出家门，而不必对孩子大喊大叫。你认识到了干预孩子会扼杀他的独立性，引起更多的争斗及不合。当你安静下来回想生活中发生的一些事情，发现孩子在更加自信、更加积极地安排自己的生活时，你会觉得你不干预他们的做法是对的。这样做恰恰改变了你们之间的关系，使孩子增强了独立性、适应性和责任感，同时更加懂事。

如果你觉得我说的话有点儿道理，现在你就抛弃那些无效的方法吧，并有意识地采用"强力胶"式的不干预做法，加强与孩子的沟通。将那些干预孩子的做法统统扔进"垃圾箱"吧！为了给你的家庭带来真正的变化，你必须对日后发生的事情和家庭的变化有足够的心理准备。关键是你的决心有多大。这需要两方面的变化——你的思维方式和具体做法需要改变。

● 起点：你觉得你的孩子怎么样？

我时常问这些家长："为什么火冒三丈？"于是，他们立刻情绪激动地说了一大堆孩子的不是。还记得我在第1章里让家长们列出的"杂草"吗？例如"他倔得要死""他总是那么霸道""他爱顶嘴""他乱放东西"，等等。

我再问这些家长，他们的孩子有什么长处，他们个个面面相觑、低头不语。屋子里的气氛十分压抑。我多次发现，家长说起孩子的缺点时总是滔滔不绝，而问到孩子的优点时，他们则闭口不言。

如果他们从正面描述孩子的行为，我注意到他们会用一些含褒义的词语。他们不说"固执"而说"顽强"，不说"霸道"而说"具备领导才能"，不说"任性"而说"有自己的想法"。

● 新理念从这里开始

如果家长想把孩子打造成为一个才华横溢、有志向、有责任心、懂礼貌、适应性强的孩子，他就要重新调整思路，那么孩子的生活会发生哪些变化？

家长是不是想通过简单的纠正，使孩子的"坏毛病"变为体现个性的优点？"坏毛病"与个性往往是同一事物的两种表现。孩子的才华只是没有用对地方，这样便让人觉得这是个"坏毛病"。我要说的是，家长千万不可泯灭孩子的个性，他们的任务应该是怎样对其进行正确引导。这应该是非常接近育儿的本质了吧！育儿的本质不就是在他们的能力、爱好和才华不断显现的时候，引导他们朝正确的方向发展吗？

家长想一想自己的孩子，他可能属于下面的一两种情况。家长试着用更积极的态度看待这些情况：

○ 这个疯疯癫癫的孩子将来会是娱乐圈里的明星。

○ 这个霸道的孩子将来能当领导。

○ 这孩子是一个慢性子，将来可能做一个压力管理咨询师。

○ 这孩子爱矫情，将来做个民事辩护律师挺合适。

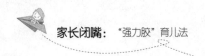

○ 这孩子能说会道，是个当教师的材料。

○ 这孩子爱问问题，是个未来的改革家。

……

逐步形成这样的思维习惯有助于家长很自然地转变观念，不再处处"管制"孩子。他们不会将那些"坏毛病"小题大做，而只认为：这只不过是个性的一种正常释放而已。他们不再关注他人说东道西，因为他们知道孩子在出言不逊和顶嘴时，只是为了发泄而已。

育儿的目的不是为了把孩子带到朋友面前时，为自己争面子，而是在给孩子的未来做准备，教会他们如何掌握必要的技能，并且将这些技能更好地服务于社会。我们当中的不少人在年轻的时候不是也被家长扣上"疯疯癫癫""蛮不讲理"或"好吃懒做"的大帽子吗？他们难道真的就变成了那样的人吗？

家长要想做到观念上的转变，必须先忘掉自己认识的其他孩子，放弃对未来的期待，忘却自己犯过的错误。作为孩子家长的你，需要专心阅读下面的文字：

○ **与孩子和睦相处**。让他在你十八年的培养指导下成长、变化。（相信他可以成为一位佼佼者。）

○ **不在意别人如何看待你的孩子的行为**。相信他一直在努力，终有一天会改变。（"他毕竟才五岁，可以原谅。"）

○ **不必太在意孩子给你丢脸**。例如，在超市排队结账时，他又对你说话不客气，你心里要清楚：培养一个有头脑的孩子要有耐心，而有头脑的孩子也常有发脾气的时候。（"唉，这毛病人人都有，说不定他将来能成为CEO呢！"）

○ **不要担心孩子将来的"发展"**。不过，你要关注他能否自己从中悟出道理，是否能吃一堑长一智。（"嗯，这孩子在操场上的劲头比我当年那股霸气还差得远呢！"）

○ **相信孩子会在今后的生活中能证明自己**。他们能为自己的理想努力，并坚守自己的价值观。（"我的生活我做主，对别人的生活，我也持同样的态度。"）

……

因为你的头脑中有了这些想法，在付诸行动时就会发生变化。为了加强与孩子的沟通，你要给他更多的自由空间。总而言之，如果我们想对孩子的未来给予帮助（其中包括青少年时期），就必须多与他们交流。如果我们对孩子仍然采取家长式的训诫态度，把他攥在手中不放，那么我们还会听到孩子摔门的声音，孩子也不会邀请我们到他床边跟我们聊聊悄悄话，分享一天发生的美好回忆。

加强沟通的15条"秘诀"

以下的15条"秘诀"可以用来帮助思想上摇摆不定的家长们，帮助他们找到与孩子沟通的正确途径。这些"秘诀"可以帮助你从被动的育儿方式转变为主动的、目的明确的、自主型的育儿方式，这样的一种育儿方式可以增强孩子的责任感，让他得到必要的锻炼机会。

当你困惑的时候（也就是当你想要干预又想等等看，想直接帮孩子又希望他能自己吸取教训的时候），你可以用这些"秘诀"来激励自己。这些"秘诀"，连同以上提到的"强力胶"（具体做法后面会涉及）和坚定的信念，会帮你彻底改变以往的做法，带你走出一条令你和孩子都倍感欣喜的成功之路。

1. 犯错误正是孩子增长知识的好机会

这个道理我们以前就听说过。它后面的潜台词是什么呢？应该是："只要那些错误不致毁掉我的生活，让我在公众面前出丑或成心为难我就行；如果真的出现上述情况，我当然不能等闲视之，无论如何也要管。"

可以这么说，在犯错误的过程中，孩子可以最快速、最有效地学会如何与人合作，如何负起责任，如何安排好时间，以及如何提高组织能力、适应能力和思考能力。这些都是他们在今后的生活中遇到艰难险阻时需要具备的基本能

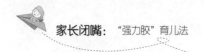

力。家长剥夺了孩子最有效的学习手段即犯错误的机会，是因为害怕自己被人品头论足。在这里，我想把多年前印在孩子衣服上的一句话告诉大家——"思维活跃的孩子就是难缠，很显然，我是一个天才"。

撇开这句玩笑话，不论孩子犯了多大的错误，我们先冷静一下，不要马上纠正，予以解决，而是看看孩子能从中学到什么。了解到孩子所处的情况后，我们就可以根据实际情况，为他们创造出一个良好的学习、成长环境。

一位家长的体会

他总是一而再再而三地犯错误。我非常认同"犯错误正是孩子增长知识的好机会"这一观点。但是，每当看到孩子又要犯错误时，我总是忍不住去更正他，将"秘诀"忘得一干二净。当然，我心里是这样想："我提前告诉他这样做的后果，他就可以避免犯错误，同时也接受了教训。"这岂不两全其美？其实我错了。结果适得其反。他还要犯同样的错误，因为我总是提前进行了干预。我真不知道怎样才能让自己不介入到他的错误实践活动中去！我真不敢说三个月之后，我们这个家庭会发生什么样的变化。这是我新的座右铭吗？是的。孩子，尽管犯错误吧，生活就是需要你去实践。

2. 花费一些时间训练孩子去操持家务

这对于建立良好的沟通关系至关重要。为了达到这个目的，我写了整整一章的内容。在第8章中，我将介绍我沿用了二十多年的做法，它会让你看到孩子在早晨起床后是如何赶紧做完自己的事情的，不需要你在身旁随时叮嘱或帮忙。他们会把自己的房间收拾得干净利落，用不着你心怀疑虑，问这问那，生怕地板打扫得不干净。因为你心里很清楚，孩子早就干过多次，这些家务对他们而言根本不是问题，你放心上班就是了。你除了拥有一个干净整洁的家，还培养出了独立性强、有组织能力、助人为乐的好孩子。他们总是先把活儿干完才去玩游戏，多么令人羡慕啊！

3. 关注孩子的特长和潜能

我们都希望自己的孩子顺从听话、性情温和，但我接触的多数家长更希望孩子努力好学、勤于思考，对生活充满好奇心。

关注孩子的特长和潜能涉及方方面面。首先，经常受到家长表扬的孩子顶撞父母的几率很小。其次，自己的长处得到认可的孩子，他的优点会不断提升。这样一来，他的不良举止的出现率会大大减少。由此，孩子从家长那里获得的信息往往是这样的："我今天的所作所为（例如哭闹）是因为我的情绪不佳，绝非我的本来面目。"因此，孩子在情绪平静的时候表现出的是镇定自信、胸有成竹。

麦吉有一次与我喝咖啡，向我讲述了下面的一段话：

我觉得我这个家长能把孩子夸成一朵花似的，不过如果你一定要我列出孩子的20个优点，我还真拿不出来。我用了好几周的时间观察我的孩子，突然发觉自己忽略了他们许多优点，因为这些优点都没有被充分挖掘。我的观念一转变就马上采取了措施，由此就激发了他们的特质，并体现得淋漓尽致。现在，我一口气能说出我孩子的30个优点。这是多么大的变化啊——如果你身旁的一个人总在说你多么棒，总在创造条件使你"光芒万丈"，对于你们之间的关系你有何感想？

麦吉的转变让她的孩子大受鼓舞，孩子的特长得到了发挥，潜能得到了开发。她的孩子比以前更加优秀。

4. 制定时间表

对于一个家庭来说，一天的时间要有一个大致的安排（每个家庭早晨的时

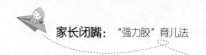

间一般是最为紧张的）。另外，每个家庭成员和整个家庭都要有个时间表。我们列举如下：

- **确定目标**。例如，每周五天，有四个早晨能准时出发，不发生孩子哭闹的现象。

- **征求家庭每个成员的意见**，问他们愿意如何安排时间。用这样的方法可以获取有价值的信息（你可能会得到意想不到的结果）。

- **记下每个成员类似的要求**，然后求同存异，寻求最佳解决方案。例如，有两个孩子希望在校车到达前20分钟起床，而你和另一个孩子觉得富余90分钟的时间心里才踏实，这个时候就需要求同存异，寻求合适的解决方案。

- **列出每个成员希望的时间安排细节**。大家的时间安排不必完全同步，例如：愿意边走边吃的人给他们多种选择方式，而愿意慢慢享受早餐的人也有多种选择方式。

- **可以先实践，出现问题再修正，直到制定出最佳的时间表**。请记住这一点：人人都希望生活中有自己的空间。所以，当孩子要安排自己的作息时间时，家长也需要给他们同样的自由空间。

- **让孩子自己从错误中吸取教训**。例如：闹钟响过还不起床，忘记带书包，或没有时间吃早点，等等。孩子其实完全知道怎么做，而你总在他们旁边唠唠叨叨，或训斥，或央求，让他们动作快一点，反而令他们心烦，他们下次依然如故。如果孩子真的自己改正了错误，那么当你走出家门时，你的心情会多么轻松。

……

下面是我的亲身经历，足以说明时间安排表的重要性。

小女儿上小学二年级的时候，经常不完成作业。她的父亲是个教师，我也从事教育工作，因此，孩子的学业如何对我们特别重要。但是，她对我们的劝阻爱答不理，还默默反抗。说白了，她就是不愿意做作业。几乎每个晚上，她都会泪流满面，而我和她爸爸则不停地劝说、训斥、盘问，甚至央求她完成作业。她呢，就是不动笔。我们每天上床睡觉心里都不踏实。

更为糟糕的是，我现在已经是一名育儿培训师了，而自己家里的那位小学二年级学生却让我头痛不已。后来，我跟我丈夫多次交换了意见，终于来了灵感。第二天吃早餐的时候，女儿问了我一个怪怪的问题。

"如果周围环境特别优美，天气晴朗，你愿意做作业吗?"女儿迟疑了一会儿，问道。

她是想让我们仔细听她讲话，于是接着说道:"我会早上四点半钟起床去做作业。我不想在晚上做作业，因为晚上我的脑子不灵。"

"好啊!"我说，"那下周的作业，你愿意什么时间完成都可以。你爸爸和我不再管你作业的事了。就这么定了，我们七点一刻准时出门。天天如此，你能行吗?"

她考虑了大约十秒钟，然后回答说:"没问题!"

我们本来没抱多大希望，因为与多数家长一样，认为作业应该在前一天晚上完成，而且每个人做完作业都会感到疲惫不堪。我真没想到作业还可以在其他时间完成。不过，还是想试一试，看看这样的方法是否可行。

第二天早晨，丈夫还是六点起床，然后去厨房做早餐。他居然看到有人坐在餐桌前，桌上放着一杯茶和一个打开的算术作业本。那不正是我们上小学二年级的宝贝女儿吗?

女儿现在已经上大学了，自从那次的事之后，她就一直坚持早晨五点半起床做作业。实际上，她已经成立了一个"早起团队"，聚拢了一批与她习惯相同的同学，这些同学的家长也曾经为完成作业的时间与孩子争执过。我女儿早起学习的习惯一直延续到上大学，而且现在

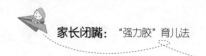

依然如此。设想一下，如果我们坚持己见，她就不可能找到适合自己的作息时间，我们之间的争吵将会永无休止。

家长与孩子之间那数不清的小冲突，往往都是因为他们没有耐心问一问孩子，是否可以用另外的方法解决，或者是否愿意尝试使用其他的方法。一旦家长开动了脑筋，他们就会发现，办法其实有很多。当孩子想到了一些家长从未发现的方法时，家长应该予以认真考虑。

我知道有这么一个孩子，他上小学一年级的时候，大半夜就穿好衣服（怕早晨来不及穿衣），早起后胡乱地刷刷牙就赶紧出门上学。他从小学一年级到小学五年级都是这样，不觉得穿戴整齐睡觉有什么不舒服。你说怪不怪？

5. 决策过程要有孩子参与

我知道这话听上去不太靠谱。家长大概不愿意给孩子这种权利。不过家长应该改变一下思路："孩子实际已经参与了决策，但通常都是由你最终决定一切，而他们不愿意接受。"所以，家长不如将他们召集过来，一起讨论问题，这样就可以培养他们对家庭事务的责任感。

如果你的孩子不爱干家务，而你又总在他们身边唠叨，让他们干这干那，其实不如干脆问他们想怎么干。例如，他们可能认为，晚上不适宜打扫房间，因为晚饭过后大家浑身发热，懒得活动。但是，早晨起床后，大家精神焕发，正是干家务的时候。这话说得挺在理。（他们甚至会因自己参与了家庭事务的安排而引以为豪。）

我在与孩子交流的过程中发现，只要他们参与的事情越多，他们对维护家庭安康的责任感就越强。

亚瑟是三个孩子的父亲。他是我为家长朋友们开办的学习班上的一名学员，他给我们这样描述了自己的经历：

让孩子们做一些家务不算什么。他们可以帮你安排家庭的作息时间，安排一日三餐，以及东西放在什么地方合适。这样做的好处在于：孩子们从小就会养成参与家庭事务的习惯，这对他们生活的方方面面都有益处。

他们会成为理财、安排时间、交友和担任学校工作的高手。每当他们主动站出来决定自己的事情的时候,我们就能见证他们的成功与欢乐。

6. 定期举行家庭会议

家长请注意:开"家庭会议"不是因为出了问题,而是为了加强沟通。开会时,孩子不只是坐在桌子前面听家长列举他们在某些地方做得不对,家长应该指导他们改正,以便使这个家庭正常运转。

家庭会议的要点列举如下:

○ 利用每周一个晚上的时间,形成常态。

○ 时间控制在15~20分钟。

○ 谁都可以参加,但不强制。

○ 让家庭中的每个成员了解其他人做的好事。

○ 安排各种活动的时间,如纪念日、学校典礼等。

○ 会议结束前发给孩子零用钱。如果你每次带孩子去商店,都跟他说要学会理财,不如索性把钱交给他,看看效果如何。

○ 列出每周都要做的事务清单。

……

7. 制定解决家庭问题的路线图

多年来我多次问过家长们:是否用过"育儿路线图"来指导他们将一个婴儿培养成大人?我又问他们以下问题:

目前有无"记录"?(例如,家长对孩子叫骂了多少次,孩子顶了多少次嘴?)

希望一周后有什么改善?(例如,双方争吵的次数是否减少?)

六个月后的情况怎样?(例如,再也听不到家里的争吵声。)

希望孩子十八岁时怎样?(例如,能与他平等地交谈。)

……

他们有这样具体的计划吗?谁都没有。家长在给孩子起名字和讨论婴儿房间的墙壁刷成什么颜色方面,所花费的时间,远远超过他们拟定一个有针对性

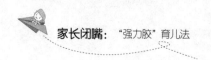

的完善的"育儿计划"所用的时间。在本书的后面章节里，我将告诉大家如何制定这个"路线图"。

8. 树立典范，以身作则

我的意思是：如果你看到孩子穿衣服时费了好大劲还拉不上拉链时，他仍然表现得不急不躁、沉稳，并且有耐心，那么同样，他也希望她的妈妈在处理了一天的烦心事之后，仍然可以做到心平气和、稳重大方。换句话说，家长要为他做出表率，尤其是在他经历麻烦和挫折的时候。

家长对孩子的期望值应该合理，不能超过他们对自己的要求。如果家长自己就乱发脾气、又吼又叫、不尊重别人，他就没有资格要求孩子了。我这里想给大家透露一个秘密："孩子的那些'坏毛病'或'坏习气'不是从班上同学、电子游戏、电视节目或度假时结识的'调皮鬼'那里学来的，他们是在效仿你。"

下一次，当家长因孩子的行为不端而向他大发雷霆时，作为家长的你就应该这样考虑问题：一定要冷静，三思而后行。榜样的力量是无穷的。如果你的行为和态度能够处处成为孩子的表率，你会发现他们也和你一样优秀。

9. 表扬簿的作用

在我女儿十五岁的时候，有一天她回家后心情特别糟糕。她对表扬簿没瞟上一眼就径直地回到她的房间了。家里的人都会意地对视了一眼。我的大儿子走到表扬簿前，在上面写了几句赞扬姐姐的话。她的三个妹妹也随后写了赞扬姐姐的话，我们做父母的也写了一些鼓励她的话。过了一会儿，她终于露面了，我把她领到表扬簿前，表扬的话出现在她眼前：

"我很钦佩姐姐，她上周断然拒绝参加那场朋友聚会，因为他们不仅酗酒，还吸烟。"

"我很感谢姐姐耐心地帮我做头发，而她自己却把头发草草地盘上头。"

"我特别感谢姐姐，在我难以入眠时，她让我睡在她的旁边。她还陪我聊天，直到我入睡。"

......

表扬簿上有九条赞扬她的话。她读到第五条时，回过身，对我们大家说："在咱们家，做个大姐姐多么不容易啊！"然后她笑了，对我们表示感谢。她说她好多了，而且是这个世界上最幸运的姐姐。

作为家长，如果你迫不及待地规劝她或试图解决困扰她的问题，你就很难将"消极因素"化为"解决因素"。如果你的朋友遇到烦心事，你也可以用这种方式处理。如果孩子一有不当行为，你就加以管制和处罚，事情反而不好办。

10. 对孩子要循循善诱，不要耳提面命

育儿方式各有不同，没有一定之规。孩子怎么会愿意和板着面孔的家长打交道呢？我们凭什么认为，孩子愿意我们在他的旁边指手画脚呢？当他做某些新的尝试的时候（可能尝试多少次都未见成功），家长首先要尊重他，并耐心地帮助他。只有这样做，我们才能在他成长和学习的过程中找到培养、鼓励和指导的方法。

11. 用积极的态度看待孩子的行为，不可求全责备

孩子需要鼓励和帮助，因此家长需要用积极的态度看待孩子的行为，千万不可求全责备。家长要相信孩子，他们都在尽力而为。家长要对孩子的进步多加表扬，最后也会发现自己从中受益。

以下这段是南希的口述，她自认为是一位完美主义的改良派。

我一直以完美主义者自居，后来看到孩子对我的反应，我才恍然大悟。在我们家里，孩子不敢尝试任何新鲜事物，因为我不鼓励他们去做——是的，我要求他们事事完美，不许孩子标新立异。于是，他们特别爱挑人毛病，自己也不做出格的事。真不敢相信，我这么久才发现了这个问题。

今天，情况大不相同了，家里有点儿新鲜事，大家就庆祝一番。我们对大家获取的点滴进步都要予以表彰。家庭的气氛焕然一新。大家对生活的变化欢欣鼓舞，家庭成员之间相互支持，其乐融融。

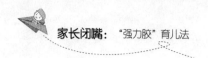

12. 听之任之，顺其自然就好（除非涉及道德问题或造成身体伤害）

我为什么要将这个问题看成是沟通策略呢？因为如果我们凡事少参与，避免在一方情绪激动时火上浇油或事后喋喋不休，那么，许多矛盾自然会慢慢消解。甚至，孩子之间多年的积怨，都能弥合。如果家长能置身事外，即可大事化小，小事化了。如果他们屡犯不改，家长也不要匆忙纠正。如果他的"坏毛病"有增无减，那就说明亲子之间的沟通出现了大问题，家长需要用其他方法与他沟通。只要家长用心与他加强沟通，一旦隔阂消除，他会逐渐改掉"坏毛病"的。

听之任之，不等于对发生的事情不闻不问。当争执的双方都在火头上，无法平息时，家长一定要管。不过，家长自己先要冷静，观察一下究竟发生了什么事情，是不是可以让事情自行化解？如果是一个很严重的问题，家长最后还要找一个合适的时间与他们共同讨论这件事。

13. 鼓励，鼓励，再鼓励

鲁道夫·德雷克斯博士说："鼓励是教育子女最有效的方法。缺少鼓励是造成孩子行为不端的根本原因。"

家长在鼓励孩子时，要注意以下几点：

● **鼓励的前提是观察。** 鼓励孩子先要对其观察，例如，他哪儿不舒服，哪儿不高兴，哪儿系不上鞋带，考试成绩优秀还是不及格，等等。如何观察没有一定之规，与孩子交谈是一个好方法，它可以使孩了与他们信任的人沟通感情，交换看法。

● **鼓励是对孩子的认同。** 你往往会这样鼓励孩子："有了你的帮助，这活儿好干多了。""你说的话真逗，让我破涕为笑。""你连好节目都不看，去帮助你的弟弟，真了不起！"……家长向孩子传递表示认可的信息：你很棒，我很佩服。这样的鼓励是对孩子的认同，他自然会接受。

● **鼓励孩子，要把重点放在他们的努力和进步方面。** 鼓励的话可以这样说："你今天系鞋带比上周快多了！""你在场上传球的次数多了，动作也比以前灵活了。"…… 对孩子而言,当他发现有人注意到他克服了困难,大有进步时,他倍受鼓舞,并激励自己不断进取。对于许多家长而言,他们只需最后跟孩子说上一句"我为你自豪"就足够了。

● **鼓励孩子就是要激励他们勇于承担责任,接受挑战,敢作敢为。** 鼓励孩子就是要教会他们发现自身的价值,这样他们可以树立价值观,充满自信,相信自己有驾驭生活的能力。孩子受到鼓励后会增强他们的适应能力、自我认知能力,他们会变得更善良,更富有同情心、耐心和包容心。

● **鼓励孩子重在过程,不在结果。** 请看下面的例子:

假设你七岁的孩子想把他攒下的20元钱放在钱包里带出家门,于是你对他说:"我不反对你这么做,但你能看住你的钱包吗?"他做出了肯定的回答,但你不相信他能保证不丢钱包。可是,他特别想带钱出门,因为他很想感受大人们站在柜台前打开钱包掏出钞票的感觉。

说不定他哪天看电影时真把钱包丢了。你呢,虽然心里清楚,但尽可能表现得若无其事。他呢,大哭一场,心痛得要命。你只需轻描淡写地说:"我说得没错吧?"他马上就会明白出门带钱包要小心。你叮嘱一次就足够了:"你丢了钱包,心里挺难受,我完全理解。我想你下次一定会吸取教训的。"此时给孩子一些支持,让他思考一下事情的过程,这样他会立刻明白许多道理,同时树立起自信心。

● **鼓励孩子的出发点在于向他们表明:失败是成功之母,意外在所难免。** 重要的是让孩子知道,他一定能克服障碍、解决问题,并且从困境中走出来。如果家长能够经常鼓励孩子,孩子就会出现两种变化:一是孩子烦人的"坏毛病"大大减少,二是孩子的适应性、灵活性和自信心大大增强。这是一个双赢的结果。

14. 时刻关注孩子的变化

通过孩子向家长提出的各种问题,家长可以发现他对周围世界的理解。

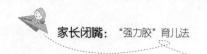

千万不要以为自己对孩子的内心世界了解得一清二楚。我在家长培训班里经常引用阿尔弗雷德·阿德勒的一句名言："用他们的耳朵听，用他们的眼睛看，用他们的心灵去感受。"如果家长能牢记这句话，将会对建立坚实的亲子关系大有裨益。

每个夜晚，当孩子上床睡觉的时候，他都感到自己度过了充实的一天。他增长了不少知识，处理了不少问题，也纠正了不少错误。当第二天早晨走进厨房吃早餐的时候，我的眼前出现的是一个焕然一新的孩子。因此，我不得不重新审视我的孩子。

家长总是乐于给孩子做总结，给他们贴上各种标签，其实他们忘记了孩子在不断地成长，每一天都会有新的变化。家长常常把九岁的孩子当成三岁的幼儿。家长要时刻关注孩子的变化，及时帮助他们一步步走向独立。最终的结果是，家长与孩子之间的争执会越来越少。

15. 表现出信任

家长要相信上述的这些策略是有效的，要相信自己的孩子比想象得要能干，要相信孩子通过大人的指点会不断成长，孩子会从自己生活的世界里学到许多东西。孩子每一天的生活就是他们快乐和成功的源泉，这就是他们与这个世界沟通的基础。因此，家长对孩子要时刻表现出信任。只有如此，孩子才会快乐，才会最终走向成功。在本书的后面章节中，我要讲述一些孩子和家庭的故事，并以此说明：小小的信任会给我们每个人带来多么大的益处。

在与孩子交往过程中，家长哪怕只运用了上述的一条策略，都会大大改善亲子关系。家长不要操之过急，要允许孩子出现失误，同时体验成功和进步。家长也要享受其中的乐趣，让这些策略慢慢发生效力。

第**7**章　放弃"假设"，给孩子机会："不说不做"方法实践

> 聪明的人话到嘴边会多思多想，他们为占得先机往往先让自己冷静下来。
>
> ——拿破仑·希尔
>
> 育儿的要诀是闭上嘴巴、竖起耳朵、睁大双眼，好像一场猜谜游戏。
>
> ——维基·柯夫

在第一部分里，我仔细分析了家长对孩子的事情过分介入、过度反应和过多指导的现象。家长们往往为了使事情尽可能顺利地进行，于是就成为"杂草"的施肥者和"无事不管"的人。作为家长的你，常常会处于以下列举的情况：

○ 两岁的女儿总是注意力分散，于是你就在一边不断提醒她。

○ 三岁的儿子不自己穿衣服，虽然他会，你就在他旁边唠叨。

○ 四岁的女儿不愿意上桌吃早餐，你就对她连哄带骗，让她上桌。

○ 五岁儿子上学之前就是不肯刷牙，你必须一遍又一遍地提醒他。

○ 六岁的儿子把东西随处乱扔，你需要不断叮嘱、提醒和训斥他，而到头来，为了不误事，你还得亲自动手归整。

○ 七岁的儿子每天早晨闹钟响了也不起床，你不得不一遍遍地去叫醒他。

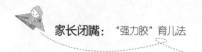
○ 两个儿子拌嘴、吵架，你对他们又是调解，又是训斥，直到两个人都不说话为止。

......

对孩子的生活进行全面监管的结果往往会产生这种假设情况：一旦撒手不管、放任自流，后果就会非常严重。同时还伴有一种担心：如果你不再坚持现有的秩序，孩子失去了管束，你的家庭和生活将会变成另外一个样子。

而这样的假设一旦成立，家长们就会大肆推行他们的育儿之道。这些做法会产生一种紧张的氛围，家长要给孩子立规矩，事事监管，于是家庭不和的现象时刻存在。这些假设均归咎于家长不肯对孩子放手，不肯改变自己的育儿理念，使家庭关系回归正常与和谐。

"强力胶"时刻

用"强力胶"将你家的镜子封严。从来没有这样的说法：称职的家长就要把家务做得井井有条。孩子的行为并不能说明家长是否称职。如果他们出现这样或那样的问题，并不意味着家长失职。

家长的假设基于陈腐的观念

如果家长老是对孩子严加管束，他自然会产生一系列的假设。这些假设可能包括：如果我不介入，他们早打成一锅粥了；如果我不提醒，他们的东西不知都扔到什么地方去了；如果我不干预，他们早不把我这个家长放在眼里了；如果我不监管，他们早就无法无天，成了家中的小霸王了……

这一系列假设决定了家长的育儿策略。正因为如此，孩子失去了自己的生活空间，只能消极地对待一切。几年过后，再看看这些孩子，他们的生活能力会比以前更差，对他们周围发生的事情更不敏感。

　　也许你要问，这是怎么回事？那是因为家长对他们过分关照，管教太严，致使孩子不需要自己去面对生活。生活对他们变得如此陌生。这些孩子不必担心早晨听不见闹钟响，因为家长会进屋一遍遍地叫醒他们。他们不必留心天气变化，因为家长会告诉他们该穿什么衣服。他们不必自己安排时间，因为家长早就替他们把一天的时间做了周密的安排，孩子只要照他们的布置，把事情完成就可以了。这些孩子不需要自己解决问题，因为家里无论出了什么事，父母都会立即出面解决。这些孩子对于家里的事从不过问，除非家长急了，骂他们几句，他们才会勉强伸手帮忙。

　　如果希望孩子成为一个有思想，能够驾驭瞬息万变的生活的人，那么我们就应该在平日给他们创造机会，学习如何为自己打造一个美好而有意义的生活，并且教会他们合理安排生活的技巧。世界上哪有比自己的家更好的地方去实践这些技能呢，那里不是有孩子最亲近、最聪明的父母在指导他们吗？

　　不幸的是，想把孩子培养成有思想的家长竟然被错误的假设和忧虑困扰，导致他们不得不采用事事介入的育儿方式。这些假设不被雄辩的事实推翻，家长们的思想就不会改变。不栽一个大跟头，家长们就不会重新思考自己的假设，但从这个"跟头"中他们会意识到：必须改变以往包办代替的做法，成为"放养式"育儿方法的坚定执行者。

　　下表举例了家长的"当前做法"和"假设情况"：

当前做法	假设情况
妈妈帮孩子穿衣服。	如果不帮他，他就会晚起，并且穿着不整地去上学。
爸爸每天早晨做早餐。	让孩子做早餐，肯定搞得一塌糊涂，而且不好吃。

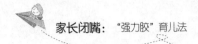
续表

当前做法	假设情况
妈妈在孩子上学前，将书包收拾好。	孩子上学前总是丢三落四。
爸爸控制孩子的零花钱，不多也不少。	孩子手里有钱就买棒棒糖，总是乱花钱。
家长督促孩子完成作业。	孩子养成拖拉的坏习惯，会导致学习成绩下降，将来肯定上不了好大学。
妈妈随时纠正孩子的"不当"行为。	孩子会变得没礼貌、懒惰或养成坏毛病。

很明显，孩子在多数情况下都能够处理好上述问题。上表列出的情况，大多出自家长的个人想象，完全是一种错误的推断。这样的推断一旦形成，家长就会不顾事实、主观行事。

家长考虑问题的出发点：不是"现在"如何，而是"假设"如何

以下是我跟克莱尔的对话。

克莱尔：我承认自己有问题。我总是对孩子唠叨、提醒、训斥、央求、威吓，并事事干预。我知道这些所谓的策略都在影响我与孩子之间的沟通，并且对他们培养自身的独立性、适应性和自信心十分不利。其实我对您的话完全接受，但我不得不跟您说：如果那些事我不替他们做，我的孩子早晨起来该做的事一样都不会做。

我：你怎么知道会是这样呢？

克莱尔：因为我了解我的孩子。

我：说说看，你觉得他们会怎么样？

克莱尔：他们会一直睡下去，不论闹钟怎么响，直到自己想起床。然后，他们会下楼埋怨我不叫醒他们。

我：你真的以为你不帮忙，他们就什么也不做吗？

克莱尔：当然，有些事他们还是能做的，就是给你搞得乱七八糟的，要不，他们会相互吵闹，或索性不干，或干脆吃几块糖当早点。总之，他们会把事情搞得一团糟。

我：那你怎么知道这些事一定会发生呢？你是否让他们做过这些事情呢？

克莱尔：从来没有。说实话，我做不到。

我：那好，你说，如果你不在他们旁边唠叨、提醒和训话，他们就会干出这样的事情。其实你不知道接下来可能会发生什么样的情况，前提是你不再管束他们。

克莱尔：我明白您的意思。

我：你应该想到，孩子满了十八岁后，要自己独立生活，他们需要自己妥善处理所有的事情。到那时，你还能继续在他们身旁唠叨、提醒和训话吗？如果对孩子的监管放松一些，放弃那些毫无效果的管制方法，会出现什么样的结果呢？当你不再栽培"杂草"，还孩子一个真正属于自己的生活，会出现什么样的结果呢？

克莱尔不说话了。

● **我的孩子就是干不好自己的事情**

即便家长百分百地转变了育儿理念，开始重视与孩子沟通，少插手他们的事务，但是用事实推翻那些假设依然不是一件容易的事。他们必须下决心改变唠叨、提醒、处处干预、包办代替的习惯，摒弃"创可贴"式的管理方法，学会放开手中掌握的大权。我在此提出"不说不做"方法，就是为了达到这个目的。

这种实践方法已经连续经历了二十多年的检验，它告诉家长们：只要家长减少干预，留给孩子更多的自由空间，让他们有机会在自己的生活中扮演自己喜爱的角色，孩子就会展现出意想不到的精彩表现。等到这些家长们做到了这

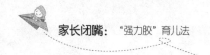

一步，他们会发现自己变了，孩子变了，他们的家庭也变了。到那时，我们就可以共同携手创造各自家庭的梦想。再没有比这种方法更有效、更直观的方法了。

请家长做好准备，奇迹即将出现！

"不说不做"方法实践之五天考验

在以后的五天里，我要让家长把所有的假设统统抛之脑后。亲爱的家长朋友们，赶快用胶带封住你的嘴，然后细心关注。当你不再讲话，只是观察，让孩子们自己独处时，你会发现他们的能力有多强。正如道格·拉尔森所说："智慧就是对你学会聆听他人话语的奖赏。"

我自己没做过的事一般不会要求我的学生做，所以当我第一次尝试了这种方法，并且从中受益之后，就想拿来与大家一起分享。

我相信自己可以沉默不语，观察孩子一个星期，但我也不敢保证自己能坚持住。因此，我在厨房的案子上贴满了小小的胶带，防止万一我忍不住又要唠叨。虽然我做出了一天绝不开口的承诺，只是观察孩子的所作所为，但我这人唠叨惯了，控制不住自己，所以与孩子在屋子里没待上五分钟就赶紧拿胶带封住嘴。每当我想要提醒孩子，就取来胶带粘住嘴唇。头几次我从嘴上揭去胶带的时候，发现它不仅阻止了我对孩子说三道四，还把嘴唇上的汗毛脱掉了——这真是一个意外收获。可是到了第二天我揭去胶带的时候，发现嘴唇上的皮肤都撕破了，真倒霉，疼得要命，但我终于感受到：用这样的方式教育孩子，是多么的轻松！我就这样坚持了下来，现在案子上的胶带只是在不断提醒我：不再需要用它，我也会保持沉默。

家长可能会气急败坏地说："你不了解我家的情况，要是用这种方法管孩子，非乱套了不可。"但我先告诉大家，这种方法我用了二十多年，十分有效。家长们之所以特别担心这种育儿方式的效果，正说明他们的家庭氛围存在问题。

该说的时候还是要说

每当我介绍这种育儿方式，就会听到有人发出这样的质疑："我很纠结！我这人实话实说，你让我不说也不做，难道我看着孩子撒野也不闻不问吗？"

"不是的。"我在此声明，"这不是我的本意。我想告诉家长们：不要再用习惯性的干预、包办代替之法，以及"创可贴"式的育儿方法，而要在育儿过程中随时观察、记录发生的情况。你可以使用你认为有效的其他育儿策略，其中也包括运用你的'常识判断法'。"

我耐心地等待他们揣摩我上述讲话的内涵，让他们反思自己的育儿策略，看看哪些做法不属于干预了孩子的生活空间。有些时候，他们会豁然开朗，有时则唏嘘不已。无论怎样，家长们都取得了共识，那就是：明显没有效果的做法必须放弃。

有一位母亲在一年前使用了我的实践法，颇有心得，我就借用她的话鼓励一下那些尚在迷茫之中的家长们：

今天早晨，五岁的女儿调好她的果汁饮料以后，也不把吃剩下的食物收进冰箱，转身就走了。我张开嘴，想跟她唠叨几句，但没有说出口。我对自己说："不就是一点食物吗？放坏了再买就是了，花钱呗。"

后来我意识到，女儿不知道要把吃剩下的东西放回冰箱。所以，我对她说："宝贝儿，咱们一起做早点，你还得负责把东西放回原处。"

"哦！"她答应了一声，然后马上将所有的食物都放回冰箱，甚至把平时放在上层架子的食物也放了进去。她把水果、酸奶和牛奶这类食物放在她能够拿得到的地方。虽然她放的地方有点偏，但我没有去挪动。那牛奶盒放的位置，一碰就会掉下来洒满地板。我当时真想说："宝贝儿，牛奶放在这里，不撒才怪！"但我忍住了没说。要是真撒了，她会清楚自己干了一件错事。我替她捏了一把汗。你猜怎么着？牛奶

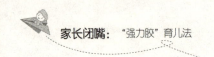

居然没撒，要是真撒了，就算是一次教训吧！

你知道我明白了什么道理吗？我明白，只要我耐心教她，她会很愿意帮我做事；我明白，如果家长主观武断地教育孩子，必然给自己带来无穷的烦恼；我还明白，当你觉得无计可施的时候，你很难放弃那些并不中用的招法。这件事至少可以说明我五天来实施这种方法已经初见成效。

● **下一步该你去做了**

家长在自己"不顺利"的时候可以试一下以下列举的这些窍门：

1. 花些时间记下你使用过的干预手段，为孩子"着想"的做法，以及你的各种假设。列出你最常用的干预手段或"创可贴"式的教育方法。这样，当你觉得非介入不可或需要对孩子严加管制的时候，你可以做一下参照。

2. 你打算将此方法实行几天？我建议你实行五天。时间少了孩子会试探你，直到你撑不住为止。最后，你又会回到过去处处包办代替的老路。

3. 列出你经历的最糟糕的情景和害怕发生的事情。这与你假设的情况类似，但这一次是让你提前知道可能发生的情景。将此表打印出来，贴在冰箱或镜子上。同时，你也可以列出以下项目：

   ○ 家里会弄得很乱，但不会影响生活。

   ○ 房间里可能到处是脏衣服，但它可以引起大家的注意。

   ○ 不用叫醒孩子，他们听不见闹钟就随他去。

   ○ 孩子忘记写作业并不意味着家长失职。

   ……

4. 让孩子们坐下来听你说话。你一定要讲事实，而不要评论他们的行为或给他们"打分"。话可以这么说："我们不愿意整天唠叨、提醒、训斥你，我们也不打算这么做了。从明天起，我们将保持沉默，看一看在我们不告诉你应该做什么的情况下，会发生什么事。"

你向他们说明一下可能出现的问题和糟糕的结果，例如：

"日子会过成什么样子？"

"早晨起床后会发生什么事？"

......

你把一天的事情迅速"扫"一遍，看看孩子在什么地方确实需要帮助，但不要告诉他们出现问题应该怎样解决。

你一定要引导孩子自己也能够想到同样的问题，例如：

这样一来，事情可能会变得很糟。你上学可能会迟到，但别太在意。你可能忘带午餐，这也没什么。你可能没穿大衣，没带作业，或忘记带书包，这也不算事儿。家里可能会搞得很乱，用过的碟子碗放在那儿没有人洗，没关系。不过，坏事可能变成好事。没有家长的参与反而可以证明他们完全是瞎操心。孩子可以自己起床、穿衣、做早点、打扫卫生，不会忘记任何上学需要带的物品。一切都会顺顺当当的。真是应该让孩子自己管理了，家长愿意看到：没有他们的帮助，孩子自己能把事情做好。

5. 将嘴上的胶带扯下，放在容易拿到的地方。

6. 对于事情的结果你要有心理准备，同时孩子也可能会生气、不知所措，或兴奋得意。你可以应用本章所讲的内容帮助你渡过难关。

7. 如果你感觉难以应对局面，或是发现自己还是在滋养"杂草"，或使用"创可贴"，或是胡乱设想，那么先做一做深呼吸，然后重新再试。

8. 五天之后你会看到一种新气象：你的育儿方式变了，你对孩子的看法也变了。你要注意：沿着这个思路走下去，同时将重要的情况记录下来。我并不是建议你对孩子撒手不管。我是要对你说：不要做影响你与孩子关系的事，不要做影响孩子具备独立性、适应性、责任感、学会尊重别人的事。如果孩子做出什么对身体有伤害或任何不道德的事情，你一定要管。如果孩子尚在年幼，你要适当干预，以诱导、帮助为主。

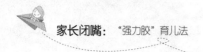

"假设情况"和"现实情况"之比较

下面的表格可以让家长很容易发现家里究竟发生了什么情况。家长看了这张表就会：

○ 心情平静，克服恐惧。

○ 收集今后可能会用到的信息。

○ 需要时加以参考。

……

下表中的前两列是"举例"，后两列需要家长根据孩子的不良表现和进步表现在五天后填写。

家长现在的做法	家长假设的情况	孩子的不良表现（五天后填写）	孩子的进步表现（五天后填写）
我把他们的午餐都准备好。	孩子们饿着肚子上学，跟我发火，埋怨我不给他们准备午餐。	他们朝我发泄，但我保持沉默（这样持续了两分钟）；他们有两次忘带午餐，并找同学借钱买了午餐；周五，孩子们自己准备午餐。	他们尝到了没有午餐吃的滋味，并且能够自己准备午餐了。（在第五天的时候，他们干得不错，终于会自己准备午餐了!）
洗碗的工作全归我，让他们帮忙等于白说。	用过的碗碟堆成山，都没有能用的了，厨房里一团糟。除了我，没人在意。	孩子们看到这些情况后让我洗碗，我闭口不说话；他们最后抓来一个碗或一把勺，冲洗了一下就用了。他们干了这点活儿，但极不情愿。	他们在需要时也愿意洗一两个碗；他们能注意到脏碗堆积如山，但还不会主动去洗这些碗。这种卫生意识还需要不断培养。

"不说不做"方法实践之日记摘抄

以下是家长们采用"不说不做"方法之后记录的真实故事。或许大家会从中受到一些鼓舞，汲取一些正能量，得到一些宽慰。

● 孩子可以无师自通

这些日子，我这几个孩子简直有点无法无天了。他们动不动就发火，为一点儿小事就闹翻天，好像我对他们平时的管教、提醒全都不管用了。说实话，我这星期不想对他们大声呵斥了，只想让日子过得消停些。但现在我明白了，与孩子沟通和管住孩子都不是容易做好的事。但放眼未来，让他们放开手脚，自己处理自己的事情的确很重要——不论好坏——其结果都会使他们成为有自信心、独立性强、德才兼备的孩子。

● 一天管一次

我要做到这一点其实很难。我觉得一天怎么也要管她三四次，否则，我还是家长吗？

我最近看到女儿有点儿变化。她平时还是比较听话的，就是办事磨磨蹭蹭，还有点"小脾气"。我不想把女儿管得太严。我要是这么管她，她就会习惯性地受制于人，我真不希望这样。这个星期，她说话、办事有了一股子冲劲——我很少见她这样。我常想到她那副犹犹豫豫的样子，因为我从来就不认为她自己能决定什么事情。她现在表现出的冲劲说明她有了自主意识，所以我应该给她"开绿灯"，帮助她了解应该如何安排好自己的事情。

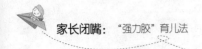

● 洗菜盆里堆满了碗碟

我看到餐桌上堆满了一天没有收拾的碗碟，我女儿居然坐在桌前无动于衷，虽然她知道把用过的碗碟送到厨房是自己的事。她就在那儿吃晚饭，周围摆满了吃剩的饭菜。我不停地提醒自己，要注意这个情况。我不敢说我先生回家看到这种情况会作何反应，他最恨吃完饭收拾桌子。我倒要看看她今天是否打算不管了。我女儿其实知道该收拾碗碟，但我不去提醒她、催促她，她就仿佛看不见。

第四天吃过饭，她起身对我说她知道应该做什么，然后慢慢地将餐桌收拾干净。我正要前去"帮忙"，她却示意我别管——做出要把我推开的手势——说她要自己干。两个小时过后，她"报销"了一大杯的洗洁精，浑身上下湿漉漉的。然后，她兴高采烈地出现在我面前。现在我明白了，自己千万不可胡乱假设。屋子乱一点儿，孩子调皮一点儿，吃饭时把餐桌搞得脏一点儿，晚上睡觉晚一点儿等等，都不必太在意。关键在于我不要介入，并且要重新评估家中所发生的一切变化。我现在知道自己营造了一种新的家庭氛围，它建立在相互尊重、相互合作、各尽其责、相互关爱的基础之上，每个人都会感到无限快乐。

● 乐高积木

儿子近来迷上了乐高积木，那是他过生日时我给他买的礼物。昨天我俩准备用它搭一些模型。我坐在他身旁边喝咖啡边与他聊天。他一心照着图示要搭他的积木。当他第一次看不懂图示，不知如何搭的时候，我克制住自己，没告诉他怎么做，只是坐在旁边静静地观察，看着他怎么解决问题。当他自己搭好了乐高积木时，他心里别提多高兴了！我坐在一边看着他琢磨如何搭那些小小的积木，心想："这不正是我一周以来实施'不说不做'育儿法的成果吗？"

● 我们现在就开始吧！

这是我们实施"不说不做"育儿法的第四天。我有两个儿子，一个八岁，一个六岁。从周一到今天周五为止，情况良好，家庭的紧张气氛骤然缓和，两个孩子很少吵架。他们似乎知道自己该做什么，但他们的注意力全都转向了电脑和电视，像吃早餐、做作业、洗澡及做卫生之类的事往往"草草了事"。我们注意到他们睡觉前还在看电视、玩电脑。大儿子就是不想睡觉，恨不得自己独占这些电子设备。小儿子呢，也不甘落后，跟他抢着用。是不是大儿子想跟大人一样，晚一点睡觉，不愿意跟弟弟同时上床睡觉呢？我们注意到，大儿子希望得到比弟弟更多的特权或承担更多责任，希望得到我们的认可。

我们对两个儿子的能力印象深刻，他们的进步有目共睹。自从他俩出生以来，我第一次感到，早一些把权利交给孩子，让他们自己安排自己的事情太重要了！

● 艾米丽的"自我纠正"

在本书的第1章中，我们听她的妈妈介绍过，说她是一个喜欢哼哼唧唧的女孩儿。下面是她妈妈的叙述：

艾米丽第一天上学就犯了不好好说话的毛病。在幼儿园里，她跟幼儿园老师闹腾还挺管用。但现在她上了小学一年级，让小学老师还是那么关注她，这是完全不可能的事。

"科勒夫人，我妈妈说让您……"艾米丽说道。

艾米丽的话还未说完，科勒夫人就走过去招呼另一个学生了。

"你好，亨利。"科勒女士握了握他的手，说道，"欢迎你来到这个班。看看你的座位在哪里，放好东西，一会儿准备上课了。"

艾米丽心里纳闷："科勒夫人为什么不跟她说话？"她于是又试了一次，这次不仅提高了嗓门，声音也更加娇气。

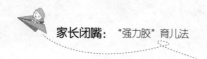

"科勒夫人。我妈妈觉得应该这样，如果……"

科勒夫人还是没有理她，又去和另一个学生打招呼了。

这回艾米丽别扭极了。她以往纠缠大人的本事在科勒夫人身上全然不起作用。她不能用这种方法让老师关注自己，还能有什么别的办法呢？她直愣愣地看着科勒夫人招呼一个个同学，自己一声不吭地站在那儿。最后，她自己也不知道该怎么办了，于是对老师说："科勒夫人，我叫艾米丽……"

科勒夫人看着艾米丽，微笑着伸出手跟她打招呼："艾米丽，很高兴见到你。欢迎你来这个班上课。"

这是艾米丽有生以来第一次改变了以往的做法，给自己找台阶下。她必须要考虑：是依然像过去那样缠着大人没完没了，还是改变自己？因为这位老师才不吃她那一套呢！艾米丽其实知道自己应该做哪种选择。

艾米丽的妈妈第一次参加家长会时，曾跟科勒女士说："我了解艾米丽的毛病，她总像个婴儿似的缠着大人，说话哼哼唧唧，家里的人也在帮她改正这个毛病。"

科勒女士回答说："您说这话，让我挺吃惊。艾米丽说话的腔调和小学一年级其他同学没什么两样，但我发现只要您一出现，她就开始哼哼。我不认为这是艾米丽的问题，而是你们家长造成的。"

艾米丽的妈妈心想："她在家跟我们要性子，到了学校，她的本事哪儿去了？"艾米丽的妈妈终于恍然大悟。她要像老师一样，对女儿的表现置之不理。她决心彻底根除女儿的毛病，并且绝不用教训、讲道理和大声呵斥的方法。每当艾米丽冲她哼哼唧唧时，她就装作听不见。

没过几周，艾米丽这毛病居然消失了。她再也不像以前那个样子了，妈妈也听不到她哼哼唧唧，没完没了了。

当然，冰冻三尺非一日之寒。艾米丽的妈妈接受了新观念，改变了做法，从而彻底根除了长期困扰她的问题。

准备好，赶快行动

以上只是家长们在育儿过程中的几个典型案例。他们敢于封住自己的嘴巴，不干预孩子的事情，并且耐心观察、学习、体验家庭里发生的一切。他们会惊奇地发现：不过分介入孩子的生活，并没有想象的那样糟糕。这种想法本身就能帮助他们大胆地转变育儿理念，让孩子自己去面对生活。

通过这样的实践，作为家长的你，还可能有以下新的收获：

1. 认识到你的所作所为不仅影响了自己与孩子的关系，而且妨碍了他们成长为具有独立生活能力、有责任心、有适应能力，善于与别人合作、尊重他人的人。

2. 了解到孩子其实愿意听你的话，愿意帮着做家务。他们很在意你教给他们的生活技能。他们特别希望有机会向你展示自己的能力。因此，请不要心急，给他们充分表现的机会。

3. 你要明白，在孩子的成长过程中，你需要不断使用这样的方法。事实将反复向你印证这样一条真理："放养式"育儿是完全行得通的。

4. 你对自己更有信心，对孩子更加信任。这样下去，就会形成一种相互信任、相互关爱、相互鼓励的家庭氛围。

5. 重新回归自己的生活。大家都知道：做父母的过得幸福，才有家庭的幸福。再则，孩子也明白一个道理，那就是：父母不能总是围着自己团团转。

6. 如果不对孩子发号施令、横加干涉，替他们解决所有问题，孩子会更愿意与你交流。

......

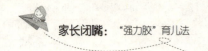

　　在破除错误的假设、回归理性的育儿思路的过程中，可能会出现一些小小的波折，但最终的结果将是：孩子早晨起来后应做的各项事情会进行得井然有序、充满乐趣，家庭生活会变得轻松、安宁。

　　在后面的章节中，我们提供了一些创建和谐家庭的好方法，这些方法可以促进家庭成员之间的相互尊重、相互合作，同时保持相互的独立性。这样，作为家长，你每天走出家门，就再也不会有大声呵斥或泪流满面的场景了。

第8章

制定并实施"培训计划"：
不要再当孩子的保姆

> 提升自尊的方法有两个：一是管好自己，二是在一个团体之中发挥正能量。
>
> ——维基·柯夫
>
> 你既想做孩子的保姆，又想当他们的贴心人，这是不可能做到的事，二者不可兼得。
>
> ——维基·柯夫

我在第3章中曾说过，当孩子的保姆对培养孩子的独立性、责任感和相互尊重的品质十分不利。父母想把事情做得尽善尽美，其实都是出于良好的愿望。在本章中，我们要讨论的问题是：当家长不再成为孩子的保姆时，会给孩子、自身和其他家庭成员带来多大的好处。要想生活不被搞得一团糟，家长就应该采取一些非常规的措施。在本章的结尾，家长会明白：对待孩子，家长不要处处插手、包办代替，而要让他们感到生活的压力。

不就是来当保姆的吗？

我前面说过，不少家长每天早晨一醒来就扮演着保姆、快餐店厨师、洗衣

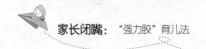

工、司机、执法人员、调解员等角色，忙得团团转，根本不像是一个家长。他们为了让家庭正常运转，为了让房间干净利落，为了让孩子不妨碍自己干活儿，宁可自己默默承担一切。有些家长认为，自己处处替孩子着想，体现了他们对孩子的关爱和责任感，这是一件顺理成章的事。有时，一些家长还认为，孩子不管不行，孩子有事时必须随叫随到。甚至有些家长觉得：家长是否称职，全凭他人对自己孩子穿着外表、言行举止的评价而定。

不论家长是否最终成了孩子的保姆，要想突破这样的观念绝非易事，除非家长十分清楚自己的育儿目的，以及怎样将他们培养成人。

多年来我常这样猜想：家长其实也希望找到一些好办法，以便能让孩子帮忙料理家务。为此，家长软硬兼施、费尽心机。然而，当所有这些手段用了一两天之后不再奏效时，家长不得不故技重施——唠叨、提醒、叫骂、威吓，等等。这些手段偶尔也能奏效，其实有更好的办法，我现在就来告诉大家。

在孩子很小的时候，我就决心找到或创造一些理念和方法，能让我一劳永逸地处理好家庭琐事，培养孩子今后独立生活的能力，让他们亲历生活的酸甜苦辣，从而更加珍惜生活。

"强力胶"时刻

如果你经常把"你真棒"这几个字挂在嘴边，当成了口头禅，你最好赶紧拿胶带封住嘴巴，这些随口说出的话没有多少积极的意义。与其对孩子说"你真棒"，倒不如让孩子知道你与他们在一起很快乐。你是想通过"外部激励"的方法让孩子"把事情做好"，其实它像其他软硬兼施的诱骗方法一样，根本不管用。如果你不再说"你真棒",而是对他们说"你做成这样就可以了"或"你自己觉得可以就行",他们多半会很得意地看着你。

十八年培训计划

"十八年培训计划"是我一直鼓励家长使用的培训方案,大家可以从中直观地看到培养孩子的全过程。同时它还告诉我们,哪个年龄段使用哪种方式最好。对照这张表我们可以看到,孩子在某个年龄段应该或可能完成什么样的工作。如果他们达不到要求,家长要怎样调整自己的培训方法?随着培训计划的展开,我们还要考虑增加一些走向成功人生的必备常识。这张培训时间表将向家长说明为什么必须要用胶带绑住自己的双手,让孩子自己动手。用不了多久,家长将会见证奇迹。

你可以想一想,在孩子离开家自己独立生活之前,我们有十八年的时间教会他们应该了解的一切。再想一想我们自己的生活,我们一天要应付多少杂七杂八的事情啊?如果我们能够制定一个计划,把孩子纳入家庭生活中来,与我们共同在一种相互尊重、相互依存的环境下生活,那么孩子肯定会义无反顾地帮助我们料理家务。

请看如下图示。

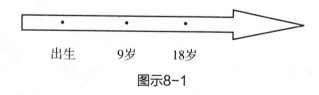

出生　　　9岁　　　18岁

图示8-1

大家普遍认为,九岁孩子的自理能力和生活能力应相当于成人能力的50%。说句玩笑话,如果我问家长如何评估自己的孩子(九岁)现在的能力,

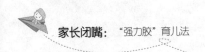

他能达到十八岁成人时所预期的一半水平吗？其中包括：自己起床，准备上学或运动所需物品，装好午餐，打扫卧室、厨房和卫生间，自己洗衣物和做简单的饭菜，等等。别大惊小怪，这么一比较，家长可能会吓一跳！多数家长跟我说，他们的孩子连标准的一半都达不到，甚至有些五岁孩子的家长也看出自己对孩子的事管得太多了。

● **孩子到了一定年龄，就应该做这个年龄该做的事**

这张图之所以很能说明问题，是因为它指出了培训的最佳年龄段。培养自理能力、生活能力和社会交往能力有其黄金时间段。这张表实际上被分成了三个清晰的时间段，每个阶段都有适合孩子乃至家长学习的内容。如果孩子们自理能力和社会交往能力滞后，家长们就会感到有压力，觉得孩子总是长不大。相信我说的话，充分利用最佳时间段培训孩子，家长会收获快乐与回报，亲眼看到孩子成长为独立生活能力强、幸福乐观的人。

家人要记住这一点："不论你的孩子现在几岁，也不论你培训他到了什么程度，一切都可以从零开始。"不要强调一些内在或外在的理由，这对家长和孩子的转变十分不利！

● **从出生到九岁：培养孩子的生活自理能力**

孩子出生后的一个阶段内，其生存完全依赖于大人。孩子知道这种状况不可能就此维持下去，于是他们学习独立，不过分依赖大人。例如：自己学会了翻身，能在地上爬，会跪起来或站立，甚至行走。他们完成这些动作并不太需要大人的帮助。一旦他们能够站起来行走，他们的本事就大了，兴趣也多了。他们突然间觉得，要学的东西有许多，好奇心驱使他们想学习新东西，经历一些新的挑战。不幸的是，在此关键时刻，好心的家长前来"救驾"。他们猛踩"刹车"，向跃跃欲试的孩子传递了这样的信息——爸爸妈妈来帮你了。这完全是帮倒忙！

学会自理和提高生活能力是孩子的天性，如果我们对之加以提导和鼓励，会增加他们的自信心。他们会觉得自己是家中的主人，是团队中的主角，这样会进而提高他们社会交往的能力。当孩子进入青少年阶段，如果他们具备了自理能力和生活经验，他们就可以将精力投入到提高社会经验方面。家长们一般看不到孩子这方面的进步，那是因为他们总是近距离观察孩子。

　　家长要牢牢记住，孩子有极强的学习热情。因此，家长要充分调动这种积极性。放手让孩子亲身实践是做家长的责任。他们干好干坏没关系。让他们经历挫折就是家长给他们的宝贵财富。

　　孩子从出生到九岁，需要学习和掌握以下技能：

自理能力	生活能力	生活经验
·自己按时起床	·摆餐桌	·整理自己的东西
·自己洗澡或淋浴	·洗衣服	·组织一些活动
·自己做早点	·用吸尘器	·从头至尾做完一件事
·按要求完成家庭作业	·开始学习做饭	·肩负一定责任
	·清理洗碗机	·自己安排日程表
·自己叠被	·将木料堆放整齐	·明确个人爱好
·自己洗头	·打扫卫生间	
·自己整理头发	·设定食谱	
·自己整理书包	·打扫厨房	
·自己安排时间	·准备午餐	
·自己刷牙	·列出日常用品的购物单	
·自己穿衣	·接听电话	
·记住带好自己的运动装备	·安排预约	
·自己打扫自己的房间	·替家长交付水电费	

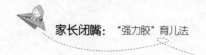

● 10～15岁：开始与社会接触

孩子长到10～15岁，就进入了青春期。此时，打扫卫生、清理物品等家务已不再是他们感兴趣的内容了。他们关注的焦点开始转向外部世界，开始注意提高自己的社交能力。这是完全可以理解的，因为社交能力对于孩子的重要性不亚于他们的自理能力和做家务的能力。

下面这张表列出了这个年龄段的孩子需要学习的生活常识，这将大大丰富他们的生活经验，为走向成人世界做好准备。

社交能力	生活经验或态度
·善于交友	·有同理心
·会对他人说"不"	·有同情心
·会接受他人的邀请	·能接受不同观点
·会请别人外出游玩	·能尊重他人
·做错事会道歉	·沟通能力增强
·能坚守自己的信念	·会解决纠纷
·对成绩有质疑	·能合理安排时间
·懂得怎样打电话	·能区分事情的主次
·会安排预约时间	·适应能力增强
·能倾听别人讲话	
·能与他人分享自己的感受	
·会接受不同观点	
·会保留自己的意见	
·能求同存异	
·能培养自己的兴趣爱好	

● **16～18岁：开始步入真正的生活**

好像一夜之间孩子的注意力就从关注自己的家庭转入到关注他们的朋友方面，他们同时还在关注这样一个问题："再过两年，我就要离开家，自己独立生活了，我还有许多东西需要学习呢！"

下面的表格列出一些年轻人想要学习的东西：

生活技能	生活经验或态度
·会购买大型物品	·能提高组织能力
·善于交友	·能合理安排时间
·会买保险	·办事有始有终
·会找工作	·敢于承担责任
·会开银行账户	·会设定时间表
·能合理安排预算经费	·明确个人志向（上大学或工作）
·会安排一日三餐	·有同理心
·能掌握烹饪技巧	·有同情心
·会选择上哪所大学	·有包容心
·会决定自己的居住地	·会尊重他人
·怎样对待烟的诱惑	·沟通能力增强
·怎样对待酒精的诱惑	·化解纠纷的能力增强
·在道德伦理问题上有自己的立场	·有适应能力
	·有应对各种问题的勇气

如果我们制定培训孩子的时间计划表，那么就可以一步步地按计划帮助孩子大幅度地提高自理能力、生活能力和社交能力。我们也就不会再和孩子争吵，或是不断提醒他们，孩子身上那些家长忍无可忍的"坏毛病"也将不复存在。

● 设想孩子已经长到18岁

有了这张培训时间计划表，我们就应该与孩子共同落实。我们要放权给他们，让他们渐渐形成独立能力，直到18岁，跨入年轻人的行列。作为家长，那时我们应该是问心无愧的，因为我们已经将他们送上了人生的旅程。孩子也能感受到我们的支持，因为正是在我们的帮助下，他们才有了乐观面对未来的可能。

设想一下，在孩子人生最初的九年时间里，你在培养他们基本的自理能力和生活能力的过程中，一直鼓励、训练、支持和认可他们。他们一定感觉自己特别有能力，有责任感，不仅能把自己照顾得很好，还能帮助父母料理家务。家长与孩子之间是合作，而不是对抗。他们能够以积极乐观的心态，踌躇满志地迎接未来。

如果一个孩子在小的时候，家长不给他锻炼的机会，而只是一味地唠叨、提醒、训斥，强迫他干家务，或是家长希望孩子过得轻松，或是为了不出差错而不让孩子做任何事情。想想看，这样的孩子长到十几岁能有自信心吗？这样的孩子对外界有多大的抵御能力？缺乏自信会逐渐影响孩子对结交朋友、学习成绩、尝试新事物的信心以及对未知领域的探索。我们想想看，家长一直对孩子包办代替，现在却要求他们无师自通，帮助家长干这干那，做一些他们从未做过的事情，这公平吗？孩子一定会有畏难情绪，并且对自己产生怀疑。

显而易见，如果家长不犯以上这些错误，他在培训孩子的道路上将会畅通无阻。孩了会变得有能力、有主见、有独立性，并且成为家里的好帮手。亲爱的家长朋友们，请给孩子"松绑"吧，把该给孩子的机会统统给他们，让他们将自己的命运牢牢地把握在自己手中，即便在此过程中遭遇一些挫折也没什么。人人都难免会有失败，但可以"吃一堑，长一智"！

● 步步为营：不可急于求成

家长将主导权交给孩子，为他们提供更多的锻炼机会，需要一定的时间，因为培训是一个长期的过程。

作为家长的你,不可能在某一天早晨醒来突然对他说:"好样的,你完全自立了,我可以到厨房吃现成的啦。"你不能指望用这种方法立竿见影!我们看到的是循序渐进的变化。你要一天又一天、一周又一周地给孩子增加锻炼强度,才可以逐渐看出效果。你应该明白,只有你不再亲临现场,包办一切,才能激励他在困境中自寻出路。你也不要在她忘记做某事或时间安排不当时,指手画脚、评头品足,说一些"我早就告诉你应该如此"之类的话。这种育儿方式要求你动心,而不动手或不动口。

想不当孩子的保姆,保持清醒的头脑,家长必须做到:

1. 充分了解孩子的能力。

2. 让孩子亲身参与实践。

3. 训练孩子应该掌握的技能。

……

● 第一步:评估孩子的能力,明确他们能做的事

家长可以用两到三天的时间来评估:

1. 什么事情是孩子现在能做的?

2. 什么事情是孩子现在能做但不愿做的?

3. 什么事情是因为孩子没有受过训练而不会做的?

在这两三天里,家长不可唠叨、提醒、央求、哄劝、威吓或大声训斥孩子。家长只要用胶带封住嘴巴就行了。切记!

家长要观察并记录家里发生的情况,因为这是唯一了解详细情况的途径。

这几天是不是过得很别扭?没错。家里是不是有点乱?没错。孩子是不是感到有点不知所措?没错。家长们是不是都能熬过来?绝对可以。

这是我了解的情况。家长们认为,他们知道孩子能做什么,不能做什么。但我可以明确地告诉大家,到第三天结束的时候,家长的认识和孩子的认识会令你大跌眼镜。

赶快找来一张纸，画一个表，列出以下三项内容。

在第一竖列中，写出孩子已会独立完成的事情。

在第二竖列中，写出孩子能够独立完成但他不愿意做的事情。

在第三竖列中，写出孩子自己做不了的事情，那是因为大人没有教他。

孩子能做 并且愿意做的事情	孩子能做 但不愿意做的事情	孩子不会做的事情

● 第二步："邀请"孩子参与，他们会说："好吧，我来！"

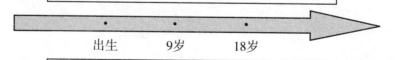

发出"邀请"，孩子会变得自信、热情、忠实、有安全感、强大、适应性强、有自尊、独立性强……

出生　9岁　18岁

不发出"邀请"，孩子会变得没有主意、容易被人操控、神经质、逆反心理……

图示8-2

"邀请"与"不邀请"之比较（见图8-2）

"邀请"这种做法绝不仅限于"邀请"他们清理垃圾或学会使用洗碗机之类的事。家长是在"邀请"孩子参与所有生活中发生的事情。

我认为，"邀请"孩子参与各类事情需要运用技巧。同我打过交道的多数家长都有一种习惯，他们总是要求孩子干这干那，而不是请他们一起做一些事。孩子其实和成人一样，最不愿意被人支使。

问题出在这里：家长对于事事"邀请"孩子的做法很纠结，因为他们认定孩子会不同意。一旦出现这种情况，家长就会犯难，甚至不知所措。家长会说："这可怎么办？我发出了'邀请'，但他们拒绝了，这该如何是好？"他们觉得，最简单有效的方法是采取命令、训斥、唠叨、提醒、威吓、央求等手段。

作为家长，你一定会问："万一我一厢情愿地发出'邀请'，孩子根本不予理睬，怎么办？"我百分百地理解你。别指望孩子一受到"邀请"就会积极配合。要记住：他们习惯了你老一套的方法，对突然改变的"战术"心存疑虑，也在情理之中。

孩子会看着你，大惑不解，不知你目的何在。他会想："怎么不对我大声吼叫了？太阳从西边出来了？"这就对了，就得让他们这样想。孩子发现了变化，有警惕性，这很正常的。他们拒绝你的"邀请"其实是在试探你。这未必是他真实的想法，不能说明他真的拒绝了你。

我辅导过上千位家长，其中有95%的人成功地运用了这种方法。但前提是：他们都有足够的耐心，立足于远期效果，并不在乎孩子是否有立竿见影的飞跃。

"邀请"是一门艺术，需要掌握下列要领：

第一，找准时机与孩子坦诚对话。

家长一定要有信心，心态平和，并有足够的耐心。家长要有多次进行这样交流的心理准备，不要以为孩子通过一次谈话就能完全理解自己的想法。

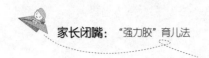

第二，开动脑筋，想想他们需要掌握的技能。

家长和孩子在认真探讨这些事情的时候，孩子会一边听家长说，一边认识到自己的不足，而家长能很快了解到孩子的自信程度和兴趣所在。家长可能会一下子想出10项、15项乃至20项他希望孩子学到的技能，也许孩子只能想出一两项技能。这无所谓，整个过程才是最重要的。

第三，征求他们的意见，而不是命令、教训或总在他们耳边喋喋不休。

家长要征求孩子的意见，问一问他愿意先学习或掌握什么技能。一切由他自己决定。如果家长一上来就对孩子说"我认为你要先学会做这件事"，多半会碰钉子。家长一定要让孩子先表态。即便他只选择做一些非常简单的事，家长也要尊重他的意愿。

第四，"邀请"孩子，并用一种新的方式与他交流。

始终让孩子在这一过程中扮演主角。家长不再强制命令，而是客气地征求孩子的意见，这会大大提高孩子说"可以"的概率。我们换位思考一下，如果孩子请你帮忙，而不是无理取闹，你的感受如何？邀请孩子去做一些事情，让他们觉得凡事都"有商量"，这是双方都愿意接受的方式。

● 第三步：培训孩子时，要有合理的计划

培训不单是告诉孩子某事应该如何去做，它是一项系统工程，是为使孩子在今后的生活中承担更多责任而精心策划的人性化的系统工程。

培训孩子并不复杂。只要家长在孩子的每个年龄段，都给他们制定一个具体的计划，每天严格执行，那么孩子不仅能养成良好的习惯，家庭关系也会十分和谐。培训计划要从孩子的具体情况出发，起点是孩子现在已经能做什么事，之后，再培训他们去做其他的事情。

只要制定一个合理的计划，家长就会看到家庭的面貌日新月异，心中也将充满自信，觉得通过自己的努力，一个精心培育、活力四射的美满家庭就会诞生！这是千真万确的。

至于如何为孩子制订培训计划，家长可以根据自己列出的项目逐一安排、落实。不过，由于孩子的需求不同，家长不能统一标准。

我们以露西的培训计划为例。露西今年四岁，以下是她的母亲对她观察了三天之后的结果。

孩子能做 并且愿意做的事情	孩子能做 但不愿意做的事情	孩子不会做的事情
·自己穿衣服 ·烤面包	·刷牙 ·摆餐桌 ·将碗放进洗碗机	▲个人技能： ·铺床 ·梳头 ·整理书包 ·洗澡 ·听闹钟起床 ▲生活技能： ·餐后清理餐桌 ·喂狗 ·清理厨房的洗菜盆 ·将碗放进洗碗机

牢记八字诀：认可，启发，传授，坚持

我们一定要记住：想要让孩子们掌握各种技能，过上丰富多彩的生活，就需要按照一个常规的训练计划不断地实践；要随时对照培训要诀，按部就班地进行。

1. 认可

认可不要和"夸奖"混为一谈。

经过两到三天观察，露西的妈妈发现露西可以不需要别人的帮助，自己能

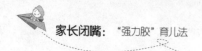

完成两件事情。她能自己穿衣服和烤面包。妈妈认可了露西现有的能力，于是开始启动整个培训计划。

我在这里要对"认可"做一点说明。我们训练的要点是：指出孩子的某一行为存在问题或需要改进，而不是对他们每天取得的进步都要予以认可。家长有没有注意我始终没有用"夸奖"这个词？那是因为夸奖孩子效果并不好。许多研究表明，夸奖孩子，其实作用都不大，反而会造成孩子事事想得到大人的表扬，却意识不到自己的进步。

认可的目的是激励孩子成长，向孩子传递这样的信息：你对他们做的事情（即便没做出什么）看得一清二楚；你对他们的表现很欣赏；你和家里的其他人都对他刮目相看。孩子得到这样的激励就足够了。没有必要对他们又是口头表扬，又是物质奖励。他们知道了自己在家庭中起的作用，知道了这个家庭没有他们不行就够了。这不就是对他们的夸奖吗？

从现在起，家长凡事都要从积极的角度入手，收回所有批评的语言和负面的说教。孩子开始愿意倾听家长的意见，而非过去那样，对家长躲闪不及。孩子们为自己和家庭做了一些事情之后，非常希望家长对此"表示认可"。

对孩子来说，家长的这种"积极态度"让他们从心里感到温暖。其实家长并没有表扬他们，但他们喜欢这种体现自己价值的尝试，因为自己得到了认可。同样，当别人为他们做了一些事情，他们也会表示感谢。现在可以说，孩子学会了尊重别人，而不再认为别人为他们的付出都是理所当然了吧？没错！因为此时他们对自己所做的一切十分满意。于是，他们开始觉得自己是有一定能力，并且善于与别人合作。他们自我感觉不错，还愿意做得更好。这就叫"自我激励"，其威力无与伦比的。不久以后，他们就会要求学做更多的事情。

下面，我做一下总结：

○ 认可孩子的成绩。例如："今天需要带的东西是你自己准备的，我都看到了。"

○ 关注他们能力的提高。例如："这衣服有点紧，不好穿，你居然自己穿上了。"

○ 让他们谈谈自己是怎么学会做这些事情的。例如："你先做了什么?""你怎么知道这样做的?""哪一部分最难做?""怎么解决的?""哪一部分最容易?""下次你是否打算换一种方法去做?""还打算再做吗?"……

○ 一旦他们掌握了一种技能，就没必要再去讨论了，可以进行另一种技能的训练。

2. 启发

孩子会做，却不愿经常做，怎么办? 以下我们来探讨这个问题。

上表中的第二竖列是露西能自己做的事情，但她必须经她妈妈提醒和敦促才愿意做。妈妈注意到露西可以自己刷牙、自己摆好餐具，但还不能成为习惯。第二竖列中列举的事情是孩子已经具备的能力，因此将它们培养成孩子的习惯并不费力。

于是，妈妈开始请露西关注碗橱的变化。事实上，妈妈想说的是："我特意给你腾出了碗橱最下层的地方，所以你完全可以自己处理，无需别人帮忙。"

3. 传授

家长要做示范，但孩子要自己动手。

首先，妈妈要看露西如何刷牙，如何摆餐具。这样她就可以完全了解露西做这两件事的能力。妈妈用不着一步步地告诉她怎样完成这些事，露西因此会感到信心大增，颇有成就感。露西可能完成得不错，但她也可能会把牙膏挤到牙刷头外边，把漱口水吐到了水池外。这时妈妈可以给她做示范动作。

然后，妈妈可以与露西约定每天找一个时间进行训练。妈妈用这种方式巩固了孩子的学习成果，露西再做这些事情的时候，就会熟练多了。

在这方面，我总结了以下三条经验：

○ 给孩子实践和提高的时间。

○ 循序渐进，持之以恒。

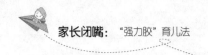

○ 先集中训练一两项新技能，直到他们熟练为止。

作为家长，你要继续减少介入孩子的生活，逐渐增加孩子自己处理事情的权利。但你要随时在他们需要的时候指导他们，提供帮助。孩子会在他们自己的生活中扮演更为积极的角色，他们的责任心、自信心和成功的欲望也会更加强烈。家长要记住，他们现在进行的训练正是在为他们今后创造丰富多彩、积极有为的生活打基础。

你为孩子们制定了计划，你的孩子也信任你，你又"邀请"他们参与其中，因此，传授技能和培训就成为了大家共同的期待。过不了多久，你就可以训练孩子做一些"大事"了。他们会配合你锻炼自己独立生活的能力，这将使他们终身受益。

当你的孩子掌握了一些技能，就可以将这些技能移出第二或第三列，放进第一竖列。还有一点家长要注意：训练孩子是要花费时间的。过去，家长对他们唠叨、训斥、央求，或为他们干这干那，花费了不少时间。现在，为了把他们培养成家庭中的骨干，家长花费一定的时间去传授技能，鼓励、支持他们，何乐而不为呢？家长的付出，终究会把他们培养成独立性强、自信心强的成人。对于家长来说，还有什么比这更好的选择呢？

培训孩子是一个长期反复的过程。第二竖列的项目最终将归于第一竖列。唯一需要解决的项目在第三列。

4. 坚持

家长不要急于揭开"胶带"，走回头路，而要沉住气，坚持下去！

露西现在有了一定独立生活的能力，也承担了一些责任，这时妈妈很容易会放松对她的培训。这是一个误区，其主要原因是：妈妈觉得露西已经很能干了，能为家里做不少事情，比她同年龄的孩子强多了。

露西的责任感会不会有衰减的可能？会有的。出现这种情况时，家长往后退一步，转从另一方面继续贯彻培训计划。家长要注意以下几个方面：

○ **对目标的期待要明确，始终如一。**孩子可能没有韧性，达不到预期目标，家长们应有心理准备。这是成长过程中的正常现象，不是个案。

○ **与孩子共同成长**。孩子们之间争吵现象增多通常意味着他们已经准备好肩负更多责任。我要说的是，并不是孩子做的所有事都要得到家长的表扬。家长要与孩子共同成长。

○ **寻找"下一个训练课题"，同时留意那些可能被忽略的事情**。孩子的兴趣是多方面的，有些小事我们常常注意不到，如更换轮胎、建议新菜谱、提出度假计划等。

○ **经常谈论孩子对家庭的贡献**。每个人都希望自己是幸福和谐的家庭中不可或缺的一员。

下面说说我的大女儿汉娜与我本人的培训历程。

汉娜两岁的时候我就开始培训她。我自己有句格言—"会走路的孩子就会干活儿"。我用孩子帮助我干厨房的活儿来说明这个问题。

汉娜两岁时，我开始训练她，让她去拿自己的杯子。四周以后，她可以把杯子拿到餐桌前，再将它放回去。八周以后，她可以把自己的杯子、碗碟都摆到餐桌上了。

到汉娜四岁时，她已经可以摆好全家人的碗碟了，当然她还摆得不太好。六岁时，她会把碗放进洗碗机，机器停止后，再将碗取出。七岁时，摆桌、清理餐桌、使用洗碗机、收放盘子之类的事她全会干了。

汉娜九岁的时候，她选择了"厨房工作"作为自己帮助家长完成家务的项目。也就是说，她在那一周要负责摆桌、清理餐桌、将用过的餐具放进洗碗机、开动洗碗机、将餐具放归原处，并且将厨房上下清理得一干二净，然后再去上学。

我的孩子很特别吗？可以这么说，但也不是。对于我来说，他们都是独一无二的，但其实他们在很多方面与世界上任何一个孩子没什么两样。我的家庭和其他家庭的最大区别在于：我们对汉娜从小就有具体的培训计划。事实上，我们让她从小形成这样的观念：家里的每个人每一天都要为这个家庭做点什

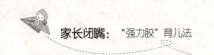
么，不应该有什么怨言。她还发现，打扫厨房卫生一旦掌握了要领，并不需要花费多大气力。因为家庭中的每个人，或多或少都会在她做事时帮助她，所以她并不觉得这些工作是个负担。我用不着随时提醒她——"你先干着，没有你想象的那么困难"。她其实自己心里有数。

如果你对我讲的故事心存疑惑，那我告诉你，我这里有成百上千个家长们的事例，全都在讲同一个问题，那就是：这种培训计划意义深远，容易上手，还充满乐趣。每个运用它的人都将是赢家。我没有见过一个孩子宁可被家长责骂，也不愿做家务或打扫厨房的情况。摒弃保姆的角色，终究会给你本人、你的孩子和你的家庭带来从未有过的幸福。

家长们，请牢记

作为家长，你决心不再做孩子的保姆，那么你跟孩子说些什么呢？你可以这样说：

- 我完全信任你。
- 我相信你的能力。
- 我相信你可以更加独立。
- 我相信你在学习新东西的过程中能克服一些困难。
- 我相信你不会被挫折和失落吓到。
- 我相信你做好了充分准备，全方位应对生活的挑战。
- 我相信在你的内心深处，希望自己是家庭中受欢迎的热心人，你也希望家长跟你一样，对唠叨、训斥、提醒等家教方式深恶痛绝。

……

作为家长，你是做孩子的保姆呢，还是他们精神上的挚友？一切由你选择，但你不可能兼任。现在，你应该解下围裙，摒弃保姆的角色，去和孩子做挚友。

不做保姆的原因

● 孩子应该有机会学习如何照顾自己。

● 每个人都愿意自己成为一个团队中的积极分子，"每个人"当然也包括孩子。

● 谁都不愿意成为被照顾的对象，或被别人认为没有学习新事物的能力。这样的想法在逐渐形成自我价值的孩子身上，表现尤为突出。

● 忙碌的孩子不会给你添麻烦，无所事事的孩子反倒会找你的麻烦。

● 孩子长到18岁就会离开家，自己独立生活。

● 孩子自己能够做的事，家长不可包办代替。

第 **9** 章　让廉价"三幕剧"落幕：
家长不要参与"演出"

> 永远要让观众悬着一颗心。
>
> ——阿尔弗雷德·柯克
>
> 家长经常为千篇一律的廉价"三幕剧"买单。
>
> ——维基·柯夫

　　既然你已经清楚了自己在用各种负面的方法干预并影响孩子，当你再遇到孩子让你挠头的问题时，你就可以采取一种简单但极为有效的方法来化解，或者说是赶紧"谢幕收场"，也就是这个全国上下、每个家庭天天上演的"三幕剧"。其中，爸爸妈妈是观众，孩子是主角。

免费观看的闹剧

　　以下是真实生活里经常发生的一幕。

　　在逛杂货店时，你是否常见到这样的场面：一个三岁的小孩儿坐在地上撒野？孩子像是"人来疯"，越闹越来神。而妈妈呢？满脸堆笑、好言相劝，与孩子默契配合，一同"入戏"。

1. 妈妈表面镇静，但内心却起无名之火

"谢丽，我知道你不爱去杂货店，但我们今天晚餐没东西吃了，所以我们必须得去呀。妈妈知道你是一个大姑娘了，快起来吧，咱们买完菜就回来好吗？"——这样对孩子说没用。

"谢丽，我给你两个选择：要不像一个大姑娘一样站起来跟我走，要不我把你抱进购物车里，推着你走？你选吧！"——这样对孩子说也没用。

"谢丽，我数三下，如果数到三，你还不站起来跟我走，我就把你拽起来，这没准会弄疼你。还有，今天回家以后，你不许看电视。"——这样对孩子说，还是没用。

2. 妈妈没这么冷静，但强忍住，没有发作

妈妈的声音、面部表情和态度已经渐渐失控，她有点气急败坏了。

"听好了，小姐，赶快给我站起来，不准胡闹，否则我非'修理'你不可。听见没有？"——这样对孩子说，没用。

"你给我起来！"——这样对孩子说，更没用。

3. "你就闹吧，咱们走着瞧！"或者"别闹了，我一定给你……"

这时，孩子总算被拽起来了，妈妈使出解决这场闹剧的最后一招，转用温和的语气对孩子说："我知道我把你弄疼了，但你也不能就这样下去啊。好吧，咱们一会儿去蛋糕店，我给你买甜点，下次可不许这样了！"——家长对孩子不当的许诺。

妈妈还可能说："听好了，你不起来我就把你关在屋子里，不让你出来。如果你不想找不痛快，就老老实实地起来。"——家长采取威吓的办法。

这种闹剧的结局有各种版本，我列举如下：

○ 妈妈和孩子各不相让，吵闹愈演愈烈。

○ 妈妈心中不悦，因为孩子闹没有买成东西。

○ 哭泣的孩子被妈妈粗暴地放进购物车里。

……

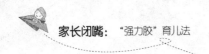

这出戏对妈妈、孩子和围观的人群来说，都无聊透顶，但不少人都多少经历过这样的场面。一般来讲，妈妈在事后平静下来总会有一种挫败感。

"强力胶"时刻

如果你感觉你和孩子要落入无底深渊，开始旷日持久的"斗争"，那么你一定要好好学习使用"强力胶"的窍门：赶紧压制住自己的火爆情绪，把它留在你的汽车里、钱包里、墙上——只要不是挂在脸上或是体现在你的态度上就可以。在下次出门之前你要让孩子知道，如果他再调皮捣蛋，你绝对不会理会，再下一次，依然如此。如果他想考验你的定力，你要表现出若无其事的样子，用"强力胶"牢牢遏制住自己"即将失控"的恶劣情绪。

我还要说明一点：在我亲眼目睹的所有闹剧中，没有一出戏有圆满的结局，对于孩子和家长都是如此。这样的闹剧可能发生在超市、足球场、教室外、诊室、亲戚家中，也可能出现在试穿新鞋、穿厚重的防寒服、涂防晒霜等不同的情景中，但总而言之一句话：卷入争吵的人最终都筋疲力尽。很明显，家长们个个被这"三幕剧"搞得心力交瘁。

正如烹饪节目里主持人常说的话——"让我们'解剖'一下吧"，我们真的需要自我"解剖"，看看我们和孩子之间究竟发生了什么，找出这种突发情况的解决办法，探索一些可以长期使用的策略。这些策略或许能发挥效力，从而缓解这个"顽疾"。

经常上演的"三幕剧"

或许你就是那个被闹剧搞得狼狈不堪的家长，你莫名其妙地被拖入剧中，成了可怜的"牺牲品"，被搞得左右为难。这种情况我称之为"上不去，下不来"。

● **第一幕：孩子无理取闹**

如果身临其境，你就知道这类事情何时会发生——孩子会莫名其妙地发火，有时一些事情安排的时间、地点或先后顺序的变化就会导致他们胡闹，还有时是因为他们与你的意见不统一。一分钟前似乎平静无事，一分钟后孩子的态度和音调陡然发生变化。你发现他心绪不佳、烦躁多语、焦虑不安，便赶紧想方设法加以控制，但常规的"创可贴"式的招数并不奏效，而孩子已经坐在地上开始撒野，或者跑到什么地方胡闹去了。你只能眼睁睁地看着他折腾而束手无策。大幕由此拉开了。

● **第二幕："观众"参与**

劝说或阻止孩子的不良行为（如发脾气、发牢骚、哭诉等）是无济于事的，你倒不如先把自己从孩子给你造成的尴尬局面中解脱出来。每当家长要介入孩子的事情时，我都会问他们："你们为什么急于阻止孩子发泄怒气？"怒气对任何人都不会有伤害，也不会出事的。发泄怒气就是发泄心里的不痛快，而事实上，没有外人参与它便会自生自灭。一旦家长想方设法去纠正孩子的行为，或用"创可贴"式的教训方法开导孩子，本来一分钟就会过去的事情往往会无限拖长。家长的过分关注只会适得其反。

以下两种方法或许对你有帮助：

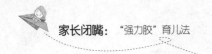

方法一：选择悄悄离开

我这里有个好方法，可以测出：孩子发脾气究竟是针对你，还是他们确实心中有解不开的"结"？

下一次看到孩子要发作，你就悄悄走出房间。如果孩子跟着你出来，那么显然，孩子是冲你来的。如果他的喊声更大了，你就听着，这是冲你来的。如果他又哭又闹，那是他想让你做出反应，故意哭给你听的！

然而，如果孩子继续哭闹，并不注意你的反应，那么有可能他确实心中有说不出来的苦恼。这时你应该走过去紧紧抱住他，亲吻他的面颊。孩子无端对你发火，多数家长都无法接受。但是你要记住一点：孩子闹得越凶，你就越不该跟他对着干。其实孩子发脾气就是一种宣泄，想将当时的烦恼排解掉。这时，不管你是围着他们团团转，还是答应他们的各种要求都是没用的。如果希望孩子改变，你必须首先改变自己的观念、思路和行为。所以，孩子发脾气，你就过去抱抱他，看看效果如何。孩子可能会全身放松，投入你的怀抱，流下释然的泪水。

方法二：转移注意力

还有一个解决办法——转移注意力。你跟孩子说："我好想吃冰激凌啊，谁跟我一块儿去？你以此来转移孩子的注意力，看看这个小淘气用多长的时间擦干眼泪、结束表演。如果他即刻停止撒野，那说明你这招起了作用。记住，情绪往往只能持续七秒钟。你的孩子不会一门心思地哭闹下去，如果他的怒气能很快被转移，就没什么大不了的事。

如果他还没有反应，那你就继续拥抱他，亲吻他。

在第二幕中，我们要求家长们离开舞台，不参与"演出"。对怒气冲冲的孩子训斥、威吓、利诱、恳求，最后服软认输，结果都只会是火上浇油。他们看着孩子从头闹到尾，想方设法上前阻止，却不知从何入手，心里没底。等到事情过后，每个人都觉得自己干了一件蠢事。它不过是前一天闹剧的翻版。

● 第三幕：家长参与"演出"

第一幕与第二幕结束之后，还有第三幕，此时家长们开始正式"登台演出"，他们将自己扮演成孩子不良行为的仲裁者或调停者。

在孩子的生活中，除了父母之外，没有人会容忍他们的这种胡闹行为，谁也不会不厌其烦地变换方法去劝说一个小孩儿消解怒气，让他们回到正常状态。事实上，一切都会照常进行。人们只会赶紧绕开，忙自己的事。

当我们自己也加入了这场拙劣的"演出"的时候，当我们认为这都是为了孩子着想，否则就是失职的行为。我们等于对孩子说："宝贝，我告诉你，你这么做谁见了都会管的。"此话失实，并不是每个人都愿意被孩子"挟持"，同他们一起胡闹的。真实的情况是：凡是看到孩子乱发脾气的人，包括我在内，只会从他们身边走过，希望他们好自为之，不会对这样一场闹剧多看一眼。当然，我们不希望孩子受委屈，但我们深知，胡闹出不了"大事"，只是家长们会有点别扭，觉得连自己的孩子都管不住。

其实，每一位家长都应该明确地告诉孩子，如果他们任性胡闹，得到的只会是冷眼。对孩子的无理取闹、撒野或其他不良行为，家长们全程参与，绝非明智之举。再则，我们极力想叫停这场闹剧，但它反而为延续孩子的不良行为搭建了平台！（这不是与给"杂草"浇水的道理如出一辙吗？）

下次你再想要参与的时候你就想："天塌不下来，别管它，车到山前必有路。"

为什么"演出"还不结束？

这些年来，我与不少家庭接触过，我可以非常肯定地说，有五大因素促使家长们仍然积极参与孩子的"表演"，从而导致了不良的后果。家长再次参与"表演"是出于以下考虑：

1. "孩子发脾气，我坐视不管不行。这样做不妥，对别人也不礼貌。这等

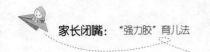

于在怂恿他。"

真实的情况是：你害怕别人觉得你管不了自己的"小坏蛋"！

2. "孩子可能有危险，大人看着不管是不负责任的行为。孩子躺在地上出了事，怎么办？同样道理，孩子伤了自己或伤了别人，又怎么办？家长就是要帮助孩子调整好情绪，告诉他们应该怎样做。"

真实的情况是：孩子躺在地上打滚儿，你觉得难为情，心里很不好受，认为孩子在公众面前胡闹就必须不惜一切代价上前制止。

3. "孩子心情恶劣的时候，不管不问绝非良策，因为他们自己想不出解决问题的其他办法。"

真实的情况是：心情恶劣的时候，谁也不知如何是好，谁也想不出什么好办法。

4. "孩子在公众场合胡说八道，我在一旁看着，别人会怎么想，这还了得！"

真实的情况是：你担心别人会对你说三道四，这才是你一定要管孩子的原因。

5. "孩子在这种情况下，确实需要我的帮助，我这时不理睬他会让他觉得我不够爱他。"

真实的情况是：你怕孩子对你出言不逊，而且谁都知道后面可能会发生什么事情，而且他可能越闹越凶。你的介入至少可以缓解他的情绪。

如何打破恶性循环的圈子？

● **大家都冷静下来，好好谈谈**

作为家长，你如果对孩子自编自演的"闹剧"没有清醒的认识，这样的情景就会反复出现。如果你需要加深这种认识，就回过头认真阅读本章的第一部分内容。请你记住：

○ 孩子上演"廉价剧"并无恶意。孩子都是出色的演员，引导家长紧随剧情，直到落幕。

○ 你越是想把孩子拉下舞台，这场戏就"越演越长"。

○ 一旦你决心终止这个闹剧，你就会开辟出许多与孩子沟通的渠道。孩子一旦发现自己不能引起你的关注，他们会另想办法与你交流。

○ 看到孩子发生这些不良行为的时候，如果你能控制住自己的情感，你就能保持"清醒"的头脑，同时能在情感上给孩子更多的帮助，弄清事情发生的真正原因。

○ 要确信这一点：不管别人怎么说，孩子的"表演"都是胡闹。只要你对此坚信不疑，孩子的任何拙劣的"表演"都引诱不了你上钩。

● **基本练习：备好"胶带"**

当你打定主意，不再加入孩子的"廉价剧"中时，你最好赶快改变自己的行动方向。这里有"强力胶"的五种实用方法，随时防止"廉价剧"上演。

1. **不闻不问**。孩子说什么，你装着听不见，也不要上前询问。

2. **不参与**。牢牢坐在椅子上，即便看到孩子两手瞎抓，不知所措，你也不要去管她，让她自己解决。

3. **不帮助**。孩子有事也不要过去帮忙！

4. **闭上眼睛**。那场闹剧不值一看！

5. **镇定自若**。你一旦发火，即便不说话，心里也着急。不过，你一定要冷静，千万要冷静。

除了以上的几种"强力胶"的用法，还有一些行之有效的方法保证不让你得到"奥斯卡最佳配角奖"。

○ **岔开话题，转移注意力**。你可以这样对他说："哎呀，我忘记告诉你了。你想知道吗？等一等，你不是让我找洗衣剂？喂，我想起来了，洗衣剂就放在那儿！"孩子胡闹，你就跟他打岔，挺管用。

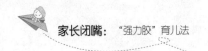
○ **戴上耳机听音乐**。过去孩子们一吵嘴我就戴上耳机，随着音乐边听边舞。不一会儿，他们也随我戴上了耳机听他们爱听的音乐了，闹剧就此终止。

○ **找托辞**。你可以这样对他说："你知道吗？我还有点事。"然后去洗手间，或给自己沏杯茶，坐下来慢慢品尝！

○ **打断对方**。你可以这样对他说："喂，我知道你正忙着呢，你先干着吧！我要去找你爸爸了，一会儿就回来。"经常拿他人当"挡箭牌"也挺管用。

○ **撇下他不管**。你可以从他身边走过，离开他，上楼或者去地下室。总之一句话：远远离开这个"舞台"。你的孩子最后烦了，闹剧也就戛然而止了。

……

下一次觉得闹剧的序幕即将拉开时，赶紧拿出上述招法。使用这些招法就是提醒你不要卷入闹剧。

孩子们的可塑性很强，他们一旦认识到自己的招数失效，就会自然放弃。他们上演闹剧，只是为了达到以下目的：

○ **解决一个小问题**。他们希望你每时每刻关注他们。他们觉得达到这一目的的最佳方法就是跟你耍性子、发脾气，做出为难的样子，或是扮演小丑跟你捣乱。

○ **显示自己在家庭中的地位**。他们一闹事，全家人的眼睛就会盯着他们。这样一来，后面的事就可全部由他们操控了。

○ **孩子觉得你伤害了他们，所以反过来"回敬"你**。他们当众表现出"桀骜不驯"的样子，令家长难堪成了他们的"杀手锏"。这些家长认为自己的孩子没有自制能力，需要像婴儿一样呵护，一切都得由大人做主。这些做法在无意间伤害了孩子，招致了孩子的无情反击。

○ **孩子不想做家里其他人都在做的事情。**这孩子可能觉得自己即便去做，也无法让全家人满意。他也可能好面子，不愿请别人帮助，还有可能他怕遭到家长的批评。因为害怕暴露自己的短处，所以他索性大闹一场，以此转移大家的视线，掩盖自己的缺点，发泄自己的怨气。

当我们不再全心投入这场"闹剧"（那只会把事情搞得更糟），而是开始细心研究"闹剧"的目的以及我们眼前究竟发生了什么事情的时候，我们才可以清楚地知道孩子最需要什么样的帮助。看清楚了这个问题，实质就是为家长帮助孩子学习如何解决问题，如何应对挫折提供了新的思路，同时也为孩子与家长加强沟通找到了新的渠道，孩子从此再也不需要使用"恶作剧"这样的手段了。当家长们用新的目光远远地观察周围发生的一切时，他们会感受到孩子传递出来的真实信息。

走出"剧场"：家长体会

● 不闻不问

孩子闹得正凶的时候，我真没有勇气看着不管，这让我纠结了好几个星期。但是没过几天，孩子的火气居然自己消退了。一年以后，我这个四岁的儿子连发脾气的念头都没有了。如果他真的发脾气了，就等于明确告诉我：他已经崩溃，实在受不了了。这时我会对他表示理解和同情，我弯下身，看着他的眼睛，深情地对他说："好了，好了，别闹了，咱们回家吧。"孩子此时发火是在透露他的真实情况，而不是要我真的管教他。

● 闭上眼（或往别处看）

最近我的两个孩子（一个六岁，一个三岁）一到吃午饭时就吵架。他们俩一边拌嘴，一边抢对方碗里的食物。两个人越打越热闹，互不相让，最后弄得无法收场。我以前的处理办法就是过去"打圆场"，让他们不要这样斤斤计较，得理不饶人，要和睦相处。如果这些话不管用，我就对他们说，再闹我就不客气了。还不管用，我就让他们分开吃，一个在餐桌，一个坐在灶台前；但他们闹得更厉害了，一个在屋子这头叫，一个在那头喊。我终于忍无可忍，开始大声呵斥，怒气冲冲地将他们的食物丢进垃圾箱，然后把他们关进各自的房间听候处理。我这样做的目的是先将他们轰走，让他们冷静下来，再反思自己是否做得有点过分。

几天之前，当大家心平气和准备吃午饭的时候，我问他俩："为什么吃饭时总吵架，是不是可以商量一个解决办法？"我向他们提供了一个馊主意：如果吃饭时再吵架，我就让他俩坐在餐桌的两头；还接着吵，我就不给他们饭吃。大家双手赞成，总算找出了一个好办法。

第二天，他们俩又吵了。我二话没说，让他们坐在餐桌的两头。他们还不停止，我就抓起他们俩的碟子，连同里面的三明治一起丢进了垃圾箱。六岁的女儿哭喊着将一把香蕉摔在地上，然后冲进客厅，把沙发垫扔了一地，接着就扯着嗓子嚎了起来。

我继续干我的事，先把厨房清理干净，然后让两个孩子到厨房帮我做甜点。我脸上若无其事，对发生的事只字不提。女儿的哭泣声渐渐平息，她走过来问我，要不要将下一种原料放到碗里。之后，大家共同搅拌原料，把面饼放进烤箱，烤熟后 起享受香喷喷的甜饼。

现在，他们俩的吵嘴现象大为减少。我从这件事中得出经验：孩子之间吵架，不用去管他们，让他们自己协商解决。家长千万不可一出现问题就责骂、训斥、大发雷霆，或是他们一吵架就马上介入。用薇琪的话说，就是家长不要与孩子一同上演"闹剧"。我希望在现实生活中看到这样的情景：如果两个人吵架，你们或是起身走出房间，或是假装看不见，继续干自己的事。这才是我们应该达到的境界。

● **不参与**

我有个女儿，她动不动就采用"羞怯"的技法缠着我，真把我烦死了！为此，我什么招儿都试过了。我跟她讲"羞怯"是个坏毛病，但等于白说，我女儿就是改不了"羞怯"的毛病。我后来觉得，为了她将来自己独立生活起见，一定要想办法改掉她这个"顽疾"，不能她一做出"羞怯"状，我就被她牵着鼻子走。有一天我们去逛狂欢节，有人给了她一根扎着绸带的手杖。她接过手杖时都不敢看那个男人一眼，更甭提说声"谢谢"了。这对我是一个触动。那个男人走过去之后，她对我说："妈妈，我想要他手里的那把镶宝石的剑。你能过去跟他说说，用这把手杖换他的剑吗？"我一时没有琢磨过味儿来。她又说："我真是不好意思去，妈妈，您替我说说吧，行吗？"

在生活中，这类场面可谓层出不穷。谁遇到这样的情况也毫无办法，要么就是孩子和大人心照不宣，下次再遇此类事情仍旧如法炮制。如果想突破这道坎，我今天就必须马上行动。我用最温柔而又坚定的语气对她说："我不打算去跟那个好心的男人说交换宝剑的事，还是你去直接跟他说吧。"她立刻露出惊讶的表情。这样的话我过去从未对她讲过。惊讶过后，她像一只泄了气的皮球，瘫倒在地上，双手捂着头，大声抽噎。周围的人看到这样的情景都说："你去帮她把剑换过来就是了，这算什么事？不就帮她一次吗？谁会总遇到这样的事啊。"

我知道大家这么说是出于好心，但这正是我最怕的。这些人看着我，认为我是个不称职、没有同情心的母亲，简直就是一个对孩子毫无感情、尖酸刻薄的母亲。

我快顶不住了，想过去安慰她不要再哭了，然后直接去问那个男人能否把宝剑换给我们，但我马上意识到一旦被带入剧中，后果会是什么。孩子还在一遍遍重复这句话："多难为情啊！我不敢问。我不好意思！"这时我想起了薇琪的话：

这一瞬间决定了你传达给孩子什么样的信息。我是对她充满信

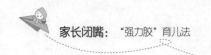

任，认为她能够完成这件事呢，还是把她看成是个瘸子，没有我的帮助就站不起来呢？

这些话给了我力量。我蹲下身，在她的耳边轻声说："你想要那把剑，就得自己找那个人要。如果不想要，就算了。我不会替你去要的。你自己决定吧。"

我站起来，不知道会发生什么情况，心脏狂跳不已。说也奇怪，我的孩子不再嘟囔了。她盯着我看，我们俩四目对视。我心想，她又要开始她的"羞怯"表演了，不过这次她没有，她缓缓站起来，抓住我的手，然后对我说："妈妈，今天我就不要了，下次我自己去说。"我猛然觉得悟出了什么：过去孩子一闹我就去帮她，孩子怕见生人我就去哄劝她，甚至有意给她创造环境，让她增强自信，结果事与愿违。当我给她两种选择，并且向她明确表示我很信任她时，她马上就会有完全不同的表现。

薇琪在六个星期之后给我打电话，问我孩子的情况如何。我坦白地告诉她，孩子大有进步。我还对她讲，由于我这些年来对孩子的事情管得太多，孩子真正变得勇敢无畏可能还要几年的时间，但是我一定全力帮助她实现这个目标。这不起眼的一招改变了我们的生活。

● 镇定自若

孩子打出了向我求救的牌，例如"妈妈，帮我穿鞋吧""妈妈，帮我把牙膏挤到牙刷上吧""妈妈，这事我干不了，帮帮我吧""妈妈，这事太难了，来帮我干吧""妈妈，我忘记该怎么做了，你再告诉我一遍"……这种话每天不绝于耳。

薇琪早就指出，孩子表现出无助是他们在"廉价剧"里常用的伎俩，而我屡屡上当受骗。这话我一直无法相信。我觉得他是真的需要我帮助。你能想象一个母亲在孩子向她求助的时候不闻不问吗？但是当薇琪将全部剧情一步一步向我展现时，我意识到自己确实被我那个扮作一副可怜相的孩子给骗了。孩子知道怎样才能把我支得团团转。薇琪建议我使用这样一种策略以彻底改变家庭的日常生活。孩子下次又要我帮忙时，我没跟他兜圈子，直接走到他面前，看着他的双眼，然后对他说："你先做给我看看。"

他脸上露出的表情很耐人寻味，弄不明白我究竟在演哪一出戏。这话我以前从未说过，孩子一时摸不着头脑。我又说了一遍："你先做给我看看，然后我再告诉你怎么做。"这时，我看到他两眼溜溜地转，不知如何应对。这可是破天荒头一回。那一天我们母子俩围绕这件事展开了反复的心理较量。儿子不知如何是好，而我则成竹在胸。这样一种认识让我镇定自若——我可不想再听他说"帮帮我吧，妈妈"。这话听得我脑袋都大了。

信不信由你，他让我帮忙的事竟然是拉夹克的拉链。有趣的是，他居然还没穿夹克呢，就预感到自己不会拉拉链。我当时明白了一个道理：在很多情况下，他不过是觉得自己干不了而已。

于是我走过去，对他说："自己去拿夹克，会吧？"

他看着我，气哼哼地回答："当然会。"

我们俩都会意地笑了。我说："把胳膊伸进袖子，会吧？"

他回答："妈妈，那谁不会。"

接着该说怎么拉拉链了。这时他打算自己拉上。我就问："你知道拉链左边的齿怎么对上右边的牙吗？"他坐下来对我说："妈妈，先别告诉我，我自己试试。"我的心都快融化了。因为我知道要是在过去，他一定会说："下一步，你来做给我看，行吗？"

我们终于告别了多年不断上演的"廉价剧"，他不会这样对我说："妈妈，快来帮我吧，没你不行！"

三年过去了，从当年的小男孩儿到今天的小学生，他的变化可谓天壤之别。我知道有些家长对于我改变回应孩子请求的态度心存质疑。不过，孩子对你事事相求会影响你与他们建立正常的关系。突破这种依赖关系，在充分相信孩子能力的基础上建立一种新型关系绝非一朝一夕之事。它需要一个漫长而

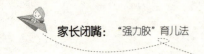

艰苦的过程。正如薇琪经常提醒我们的话：

对于家长来说，有什么比把孩子锻炼成性格坚强、能力突出，适应性和应变能力强的人更重要的事情呢？否则，你就得花高价一遍一遍地观看早已看腻了的"表演"。到那时，你只好硬着头皮"再买一张票"了。

让"廉价剧"消失

孩子们出现的某些行为表现，常常会透露给我们一些情况。不要一见到孩子发作就马上随他们一同"表演"。先取来"强力胶"，不要加入这场"演出"，然后考虑是否可以用其他方法解决问题：

○ 假设事情发生的当天，你要去完成一项特殊的工作，无暇顾及孩子，这样反倒把问题彻底解决了。

○ 假设孩子愿意与你待在一起，其实不想用撒娇要赖的方式。但你要注意一点：如果你与孩子缺乏沟通，他一不高兴就会冲你胡闹。

○ 假设孩子的内心还比较脆弱，没有抵御挫折、失望、等待、拒绝、不公和烦躁的能力。这些都需要时间，实际上，需要多年的磨炼。想一想你自己，作为家长，你的适应性和灵活性是如何锻炼出来的？

○ 假设孩子发脾气是他们深层问题的外在表现。你可能要修补一下与孩子之间的关系，或是需要加强对他的引导。

如果你有心退出"表演"，就会发现这场"戏"其实"演"不下去了。你会从一个新视角纵观全局，这里没有麦克风、聚光灯和舞台。有时间的话，好好总结一下，当完全置身事外的时候，你会有所感悟。运用这种方法你需要有耐心，要坚持下去，毫不动摇，情况一定会越来越好！你要做的就是：别忘了把"强力胶"放在身边！

第10章 制定并实施"路线图"：
家长要以饱满的热情做好放手的准备

> 没有坚持不懈地向前航行，就没有胜利到港的那一天。
>
> ——奥利弗·温德尔·霍姆斯
>
> 真正成功的育儿方法是让我们的孩子在18岁时，能以饱满的信心和激情打开通向未来的大门，走进属于自己的生活。
>
> ——维基·柯夫

作为父母，我们有责任让我们的孩子在18岁时，以饱满的信心和激情打开通向未来的门，跨过门槛，步入成年。他们停下来，回过头再看我们的那一瞬间，会面带笑容，眼中闪烁着感恩的泪花。如果想看到这样的情景，那么父母就要改变育儿方法，"手把手管教法""大包大揽法""严防死守法"等都要摒弃，要有意识地对孩子放手，积极主动地关注与孩子之间的互动关系。

让孩子在18岁离开我们时具备所有他想拥有的技能，让孩子利用好生活中的每一个细节、每一次学习机会，让他们自己学习应对生活中的种种困难，这不是很好吗？

想象一下吧，当你知道孩子已具备了踏出父母的家门后拥有生活中最重要

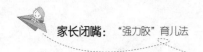

的能力时，你是怎样的感觉？你紧紧抓住孩子不放，好像他们是我们的附属品一样，以为孩子会跟着我们一辈子——这是对自己情感的放任，也是对孩子的伤害。这么做并不是要把在他们强行推入成人的世界，而是让他们知道如何以自信的面貌走进成人的世界。

育儿"路线图"

育儿"路线图"是一个非常有用、容易上手的育儿指示图，它能反应并记录家庭生活中每一天、每一周、每一月、每一年的状况，指导家长运用前面章节所说的技巧，达成目标。"路线图"可以用于制定家庭规划，让孩子逐渐产生自我价值，帮助他们养成良好的习惯，并受益一生；它能帮助孩子自己发现在学习中、体育比赛中、社会实践中、团体活动中需要做出哪些改变，为他长大成人后的独立生活做准备。

"路线图"能帮我们实现那些希望自身和家庭出现的巨大转变。它将这些巨大的转变分解为实际生活中易于掌控的点点滴滴，让每个人的人生之旅变成美好的体验。

"路线图"能让家长意识到：现在开始改变家庭氛围，消除孩子的压力还来得及，它能让孩子在成长过程中稳定健康地发展；把家长的注意力从关注孩了的"毛病上"，转移到孩了未来的发展方向上。

"强力胶"时刻

　　拿出强力胶，把你的"路线图"贴在你可以每天看到的地方。如果你要达成一个短期目标（比如早晨准时出门），却发现自己对"到底是谁把自行车扔在了后院"喋喋不休，那么就把胶带贴上了。如果你要达到一个长期目标（比如培养一个独立的孩子），你赶快用胶带把嘴贴上。否则，你和孩子就会进入较劲的状态，变得不和谐。

下面，我把四种"路线图"介绍给大家，它能给家庭带来持久的改变。作为家长，你会发现尽管你已经学着采用"放养式"的育儿方法，但有时视觉上的提醒很起作用——一个指示图或者指导手册有助于你了解自己是否走对了方向。

四种路线归纳如下：

○ 家长育儿路线——我成为怎样的家长？如何实现？

○ 家庭育儿路线——想为家庭做些什么？

○ 短期路线——如何养成好习惯？

○ 孩子发展路线——要做一个什么样的孩子？如何实现？

● **如何制定"路线图"？**

制定"路线图"需要我们把前面章节中讲到的信息结合自身的实际情况进行思考，制定出一个框架，指导我们和孩子共同走过人生的旅程。我制定的"路线图"，将涵盖各种各样的关键因素，以便能做到：

○ 明确核心价值观。它有助于确立一个宗旨，指导整个家庭，帮助孩子如何实现这些价值。比如：我们是一家人，所以我们要相互尊重。我们要做到以下几个方面：

◇ 别人讲话时，我们要认真聆听。

◇ 能够站在对方的角度考虑问题。

◇ 在思考解决方案时，我们要全面考虑每个人的需求。

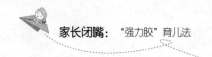

◇ 能达成统一意见并贯彻执行。

○ 明确自己目前的状况。比如：孩子总是给你找麻烦，结果你发现自己总是在喋喋不休、提醒和指挥，最终投降认输。

○ 明确在一个星期、一个月或者一年内希望自己有一些改变。比如：你希望成为一个可以鼓励孩子、更加有耐心、更加有自信的家长，可以在管教孩子的问题上更加放开手脚，更加注重与孩子建立起紧密的亲子关系，让他们学会独立。

○ 明确在一个星期、一个月或者一年内希望孩子有一些改变。比如：希望孩子能安排好早晨的时间，几乎不需要任何人的帮助；希望以饱满的信心和激情，带着一丝好奇心去迎接新的挑战。

○ 明确目前你和孩子及家庭之间的问题，以及在一个星期、六个星期、六个月或者六年后，你所期待的变化。

○ 明确合理的期望值，这样你和孩子就可以通过一点一滴的改变，尝试新事物、养成好习惯、迎接新的挑战，相互合作，享受更多的家庭欢乐。

○ 对家庭生活中的每一个进步或改进感到欣慰，不要一直等待那个完美的结果出现。比如：昨天孩子迟到了10分钟，今天他提前做了准备，按时到达了。

○ 教会孩子如何制定目标，确定主次，养成良好习惯。

下面，我就为大家举个例子。

"路线图"范例

确定你的目标！ 宗旨： 我们是一家人，需要相互尊重。 我们是一家人，需要共度家庭时光。	（家长）终点： 在一周（或一个月，甚至一年）内希望自己有哪些变化？ 在这周，要经常鼓励孩子，不再冲他们大喊大叫。	（孩子）终点： 在一周（或一个月，甚至一年）内希望孩子有哪些改变？ 在这周，孩子做事情更有信心，能安排好自己的事情。

目标：
孩子：这周要有一天做到准时出门。
家长：没有哭闹。这周内，教会孩子如何穿衣服和做早餐。

具体行动：
如何一步步达到预期效果？
1. 这周运用两个沟通策略，让孩子知道……
2. 使用培训时间表，让孩子学会……
3. 当自己苦恼时，使用"强力胶"育儿法。
4. 在每天早晨起床后，把问题指出来，同时看到好的一面。不要把注意力点只放在他们的问题上。
5. 让孩子到厨房帮忙，允许他们犯错。

家长（起点）：
目前你是什么状态？
每天早晨都免不了唠叨、提醒、教育、央求、惩戒……

起点（孩子）：
孩子目前是什么状态？
没有一天能准时出门，总是磨磨蹭蹭、又打又闹的……

家长如何制定自己的"路线图"？

　　我承认，我有独裁者的倾向。我能想象出自己当独裁妈妈的样子，想想就让人反感。我曾经信誓旦旦地说的那句"我要是当了妈妈，一定不会是个独裁者"早已抛到脑后，就好像说"我再也不喝咖啡了"一样。我需要做的是：明确自己想要成为怎样一个妈妈？如何实现这个目标？在生活中当我们想要做出某一改变，都会制定目标，并在过程中时刻关注出现的点点滴滴变化。也正是

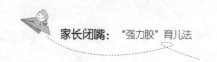

从那时起，我开始考虑在我的课程中加入使用"路线图"的方法。

我首先给自己提了一个大难题：当我的孩子25岁时，他们怎么评价我？

想象一下这个画面：你25岁的儿子带着他的朋友到家里吃晚饭，他的朋友跟你儿子说："能用一个词或短语来形容在你成长过程中，你的妈妈是一个怎样的角色吗？"你想让孩子怎样评价你？你想出现这样的情境吗？比如，他停顿了一下，说道："这还不容易，我妈是个彻头彻尾的独裁者。所有事情都要由她来做主，每个人都要按照她的想法过日子。"这时的你，坐在一边，忽然意识到：你儿子说的全是事实。你就是一个独裁者。真希望自己还有机会重新来过。

作为家长，你希望你的孩子怎么形容你？就用一个词。就我自身而言，我希望他说我是一个"信心十足的妈妈"。我希望我的孩子当着他的朋友的面说："自信！我妈妈非常自信，她不仅对自己有信心，对整个世界都充满信心。"

从那时起我意识到：如果没有"路线图"的指导，帮助我成为一个信心十足的妈妈，我真的很可能变成一个"独裁妈妈"，但其实决定权就在我自己手里。

下面我就来告诉大家怎样制定"路线图"。请家长依次回答下列问题：

1. 用一个词形容现在的自己。比如"独裁者"。

2. 你是怎样表现的？比如发号施令、提醒警告、喋喋不休、训诫等。

3. 你希望你的孩子在向朋友介绍你的时候，怎样形容你？比如"妈妈总是信心十足"。

4. 我怎样才能向孩子表明"我是一个信心十足的妈妈"？

我知道我应该做什么，而且现在我也找到方法了。我要对自己负责，时刻关注我的进步和提高，我的目标是"在孩子面前做一个信心十足的妈妈"。向目标迈进的每一步都值得庆祝。

你觉得这没什么了不起吧？但我觉得在我的生活里没有什么比这更重要的了。所以我一下子就决定了——我要达到这个目标。我唯一需要的就是一个

"路线图"，用它指导我踏上人生之旅。

于是，我漫长的旅程就开始了。明确了"路线图"后，我把它分解为了以"周"为单位的数个短期路线，以便自己能落实下去。它能让我稳步前进，而每一个成功都能让我在下一周的实施过程中更加有信心。

孩子25岁时会用怎样的词或短语来形容我们？其实是由我们自己决定的。那时，他们会用一个词或短语来高度概括父母一贯以来的态度和言行。不要奢望自己能在孩子18岁离开家的前两周突然转变为一个优秀的家长，身上所有不好的家长作风都消失不见。我们每天与孩子的交往经历和家庭氛围，孩子都会记在心里。

● 克里斯汀恍然大悟

下面我要介绍一个家长，她一开始非常抗拒制定"路线图"，但当她制定出自己的"路线图"以后，她接受了这个方法。

"我真是不知道制定'路线图'这么重要，直到有一天，我发现自己成了自己最痛恨的模样——看来，我真的需要改变了。我曾经发誓'不能当控制狂'，但我现在就是这个样子。一开始，我并不确定自己想要成为一个什么样的妈妈，即便我知道，我也不清楚应该怎样做。我只知道我已经在生活中慢慢变成了'控制狂'。我就是这么给自己定义的。其他的我一无所知。"

"于是，在我尝试各种方法都失败了以后，我决定给自己制定一个'路线图'。很快，它就改变了我的生活，也改变了孩子们的状况。现在，我做每一件事请都会遵照着"路线图"。可能在一开始你会觉得有点儿别扭，但请相信我，如果家长都能运用这个方法，那么和孩子共度的这段人生旅程将会令人印象深刻，不再令人畏惧和担忧。"

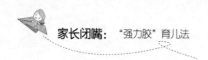

●制定家庭"路线图"

制定家庭"路线图"的方法和制定你自己的"路线图"大致一样。你和丈夫分别写下你们认为对家庭最重要的三点内容，然后分别讨论它们对孩子和家庭的影响。我们当时选定了"相互尊重"，把它作为"路线图"的要点。

我们写下了可以在每天生活中体现这一点的所有做法。因为孩子还小，所以我们选择了其中三方面作为重点，但要完成这个任务也是困难重重。于是，我们制定了"家庭宗旨"，并贴在了最显眼的位置，以便时刻激励我们落实决策。例如，我们要通过以下方法做到：

○ 讲话时彼此相互尊重。

○ 对彼此的观点、好恶要表示尊重。

○ 所有人共同参与决策，求同存异。

由于我们在讲话时彼此尊重，在家庭生活中渐渐就形成了这种规范。知道它给我们带来了什么吗？家庭里的每个成员都非常懂礼貌，懂得如何尊重他人。因此，别人赞许我们的孩子有礼貌就不足为奇了，因为这就是我们努力的目标。

"家庭宗旨"范例

下面我为大家介绍一些范例，看看这些家庭是如何运用"路线图"制定"家庭宗旨"并指导家庭生活的。

●范例一：注重家庭时光

有一对夫妇无法把精力集中在家庭生活上，他们和孩子在一起的时候，产生了距离感，彼此没有交集，都感到非常沮丧。他们想改变这种家庭氛围，但尝试了很多方法，其效果最多维持一两天。于是，我和他们坐在一起，制定了"家庭宗旨"和"路线图"，帮助他们改变现状，重新建立起家庭成员间的联系，营造一个充满关爱与感恩的家庭氛围。例如，他们要做到：

○ 每周用两个小时和家人共同参与一项活动。

○ 每天用15分钟和每个孩子聊一聊一天的生活，和他们建立联系。

○ 每周一起吃三次早餐。

这是一个好的开始，但是这对夫妇并不知道如何实践。因此，我跟他们之间必须有更深层的探讨，才能让他们实现这些原以为没有时间做的事情。方法如下：

1. 怎样做到每周用两个小时和家人共度家庭时光？

　◇ 这对夫妇从保姆的角色中抽离，重新分配每个人的家务劳动，让大家有更多的时间在一起。家长要树立现实的预期目标，给孩子充足的时间进行实践，时刻了解孩子的进步与提高。

　◇ 这对夫妇邀请孩子共同决定他们希望一起活动的内容和时间。全家人共同决定尝试一项他们从未参与过的活动，这样可以让家庭成员更紧密地团结在一起。

2. 怎样做到每天用15分钟和每个孩子聊一聊一天的生活？

　◇ 家长要有意识地和孩子一起度过一些时间。不出几天，家长就会开始期待和孩子共同交流。

　◇ 把重点放在与孩子的交流上，而不要试图取悦他们或进行说教。通过这种方法家长会意识到，自己与孩子的交流其实非常容易。

3. 怎样做到每周一起吃三次早餐？

　◇ 家长要让孩子做一些力所能及的事情。

　◇ 在必要的时候运用"强力胶"。就算薄饼要烤焦了，搅拌机里的东西要溢出来了，餐后的盘子摞成一摞，你也要保持安静。

　◇ 采用沟通法，把握好尺度，千万注意不要倒退回原来，采用无效的"创可贴"策略。

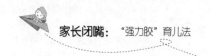

乔安妮制定了她的家庭"路线图"后六个月，我们见面一起喝咖啡，她和我说了下面这段话：

"在刚开始的几周里，要做到每周一起吃三次早餐确实挺困难的，但是没过多久，我们全家人就开始珍视这些早餐时间，现在这已经成为了我家里的一个传统了。早餐时大家欢声笑语，轻松愉快，孩子们还轮流推出新菜谱，让我们惊喜不断。真是太美妙了！如此简单的方法却让整个家庭产生了巨大的变化。"

● 范例二：彼此信任

有一家长在家里掌管一切，因为她担心："如果什么事情不在我的控制范围内，就可能会出状况。"而这样做导致她给孩子传递的信息就是"缺乏信任"。现在，她决定尝试新的育儿方法了，但自己却没有足够的信心取得成功。在这个世界上，她最期待的事情就是孩子能够信任她。她希望通过制定"路线图"，让自己也提高一下自信心。例如，她这样要求自己：

○ 允许孩子们自己做决定，并保证做出的决定是合乎规矩的。

○ 在表示否定前要给予肯定。

○ 有礼貌地对话，彼此尊重。

之后，我又帮助这个家长制定了下面的具体步骤。

1. 怎样让孩子自己做出的决定是合乎规矩的？

　◇ 孩子自己可以做的事情有哪些？家长要明确下来。

　◇ 当孩子们对自己的能力更有信心时，家长要使用"强力胶"，保持镇定，同时表现出对他们的信任。他们在学习的过程中犯一些错误，没什么大不了。

　◇ 要注重与孩子之间的关系，不要对他们指手画脚。

2. 怎样给予肯定？

　◇ 试着搜集一些信息，重新评判孩子。

◇ 在每天的生活中多给孩子具体的肯定。

3. 如何礼貌对话？

　　◇ 能坦率、诚实、礼貌地和孩子交流，否则就用"强力胶"把嘴粘住。

　　◇ 和孩子讲话时，要把他们视为值得信赖的朋友。

后来，凯伦分享了她的经历：

　　我们也没想到会有这么好的效果。薇琪为我们定制了一套七天"路线图"方案。一开始，我们觉得这实施起来也太困难了——这简直是不可能完成的任务。后来，当我们写下应该做哪些事、如何做到时，我们受到了鼓舞，觉得教育孩子的热情又回来了。使用这个方法后，我家里的氛围完全变了。这个方法真是太棒了！

制定短期"路线图"

　　如果想要整理繁忙的日常生活，尽到父母的责任，让孩子在一个井然有序、充满爱的家庭里得到良好教育，那么短期"路线图"非常有帮助。下面我就通过三个事例，为大家介绍：如何在家庭生活中应用短期"路线图"？

● **短期目标一：少唠叨**

　　桑迪把孩子们叫到一起，对他们说道："每天早晨都像今天这样，我冲你们大喊大叫，唠叨不停，你们还是拖拖拉拉，精神涣散。这周我们来做些改变吧，看看将会发生什么？"孩子们同意了。桑迪和孩子们开始一起制定"路线图"。以下是桑迪和孩子的对话：

　　桑迪说："这周里至少两天我会保持安静，给你们一个机会，让你们自己加快速度，管理好早上这段时间。"

　　孩子们回答："我们要自己准备午餐。如果玩乐高玩具，我们要自己收拾好。

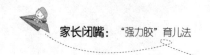

桑迪在"路线图"上又加上了几条，因为她希望的不仅仅是早上按时出门，她还希望孩子有自信心。她补充的内容列举如下：

○ 每周教会孩子一项新技能。

○ 手边准备好"强力胶"，给孩子自己处理问题的机会。

○ 允许孩子犯错误，不要去指责他们。

○ 每天分别和每个孩子相处几分钟。

○ 重点是和孩子建立良好关系，而不是完成任务。

桑迪写下这些要做的事情，每天晚上都会自查：

我必须不断提醒自己：如果我不知道如何让孩子学会独立生活，那么他们永远也不会有独立的那一天。开始的几周非常困难，我差一点儿就想放弃了。直到有一天，一个孩子忽然在吃早餐的时候跟我说，她对家里出现的这些改变感到很开心，觉得自己非常幸运，因为她会做很多她的朋友不会做的事情。

我被这个方法深深吸引住了。现在我们几乎在所有问题上都会使用"路线图"。孩子是实施过程中的重要组成部分，而结果是孩子们对自己的生活拥有更多的自主权，而且这也让我知道他们的能力远不止这些。由于我改变了自己的教育方式，他们愿意为自己承担更多的责任了。

● **短期日标二：准时出门**

苏珊和保罗是家里的"权威"，而他们的两个孩子非常散漫，总是精神涣散。每天早晨，孩子们都不能准时出门，而且弄得大人和孩子都不高兴。

他们的远期目标是：让早晨的时光变得和谐、平静、有条不紊，孩子们可以把自己的事情安排得井井有条，开开心心地准时出门上学。

他们制定的短期目标是：希望这周家里可以有一天达到和谐、平静、有条不紊的状态。具体实施方法如下：

○周一早晨：让孩子告诉我们可以自己做什么事情，并记录下来。

○ 周一晚上：运用沟通法，将交流的重点放在孩子们的优点上。运用"强力胶"管好自己的嘴。

○ 周二早晨：教会孩子自己掌握两项技能，让他们在这周余下的几天时间里练习。

○ 周二晚上：注意出现的新情况，认可孩子们的良好表现。

○ 周三：继续和孩子们交流。关注并认可他们的进步。使用"强力胶"让自己保持安静，不要介入并干涉他们。

苏珊和保罗制定了一周"路线图"，每做到一项，他们就用笔划掉一项。

到了周日晚上，全家人聚在一起，回顾一周以来的变化。家长问两个孩子："你们这周过得有什么不一样？"孩子们都说："你们没有总在我们身边唠叨，我们就觉得很好。"

最后，他们问孩子："是否下周再继续试验一下？"两个孩子表示完全赞成。于是，家长又在纸上写下了要做的事情，而孩子们连忙要求家长是否可以依然不冲他们唠叨，甚至要求把厨房留给他们，并保证不会出差错。家长同意了，回到卧室，又为下周制定了"路线图"。

这对夫妇仔细分析了过去的这一周，对"路线图"进行了微调，保留了起作用的举措，制定出了新的"路线图"。他们后来和我说：

我知道这个方法对父母来说听起来没什么吸引力，因为它违背他们的本能和自然反应。然而，它是构建一个充分享有自由的家庭的框架。没有自由的家庭是孩子们的监牢，是父母的地狱。"路线图"可以帮助每个家庭达到一种可以维系多年的平衡状态。我们的生活离不开它。

● **短期目标三：自己的事情自己做**

詹妮弗想让孩子每天准时出门上学，但她现在的所作所为只会让孩子越来越依赖自己。这样导致的结果就是：她与孩子的冲突越来越多，孩子更加散

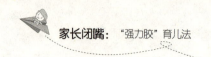

漫，每天都灰心丧气。她想改变这种局面，任何方法她都愿意尝试。

下面，我们对这一事例进行分析：

孩子目前的状态：无法准时出门。

家长目前的状态：詹妮弗要不断催促、提醒、连哄带骗、软硬兼施，才能让孩子准时出门并上车。

孩子七天后的目标：一周内做到一次"自己准备好东西，并准时出门"。

家长七天后的目标：尊重孩子，帮助孩子实现目标。

最后，他们实现了目标。詹妮弗说道：

我每成功一次，就冲进卧室，把它写在"路线图"上。我喜欢这种感觉，它能激励我坚持做下去。我使用这个方法没有多久，但却感到很幸福、很开心，整个人也更加放松了。我每天都在想："日子过一天就等于离孩子18岁独立那天更近一天。如果我把时间浪费了，没有养育好他们，当他们独立时就会遇到很多困难。"这就是激励我的巨大动力。

● **目标要切实**

使用短期"路线图"时，最重要的一点是制定切实可行的目标。很多家庭走进了"死胡同"，一部分原因在于他们制定了不切实际的目标。比如："我再也不唠叨了，孩子也不再磨蹭了。30天内大家必须做到。"我们都清楚，这是不可能的。只要我们把速度放缓，制定出目的明确、目标合理的"路线图"，成功的几率就会成倍地增加。稳健的实施策略才能产生持久的变化。

何为"切实的目标"？比如："我唠叨的频率要减少20%，尤其在早晨准备出门的时间段里我要特别注意。""我要训练孩子，让他学会两件目前我替他做的事情。""一周里，孩子只能上学迟到三次，而不能五天都迟到。"……

短期"路线图"还可以为家长解答以下疑问，比如：

○ 为什么情况并没有得到改变？

○ 到底是什么在阻碍我们做出改变？

○ 如果我们想要改变未来的结局，哪些是我们必须要考虑的问题？

○ 导致出现这种局面的原因是什么？

家长如何帮孩子制定"路线图"？

由于我经常使用"路线图"，后来我的孩子也想给自己制定一个"路线图"。我觉得这是一个很好的想法，所以鼓励他们去做。

当时我的孩子分别在上七年级、八年级、九年级和十一年级，他们决定从以下四个方面给自己在每个学期都制定一个"路线图"：

○ 课业。

○ 体育运动。

○ 社交活动。

○ 社区服务。

在此我想说明一点，"路线图"绝不是任务清单。任务清单是静态的、死板的，而"路线图"是动态的、灵活的。它能为你指明道路，让你在设定期限内达成目标，同时带来成就感和愉悦感。"路线图"可以让孩子根据需要自行调整，去掉任务清单上孩子们可能不愿意去做的事情。所以，管好你的手，不要干涉孩子自己去制定并实施"路线图"。

● **事例一：女儿的第一个"路线图"**

我最小的女儿——凯拉同意我和大家分享她给自己制定的第一个"路线图"：

○ 我要提高数学成绩，从C提高到B，这样我的平均成绩就能达到3.8。因此，我要做到以下几点：

　　◇ 找一个辅导老师。

　　◇ 让哥哥帮我检查作业。

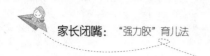

◇ 如果有不明白的地方，主动请教老师。

○ 我想在每场足球比赛中多上场10分钟。因此，我要做到：

◇ 全速奔跑，因为我的速度慢。

◇ 每天在院子里练习30分钟。

◇ 问问教练，我在哪方面需要提高，然后努力做到。

○ 我要试着在学校和其他人一起吃午餐。因此，我要做到：

◇ 找到一群看上去很亲切的朋友。

◇ 问班上的同学，是否能和他们一起吃午餐。

○ 我想找到一份为老人服务的志愿者工作。因此，我要做到：

◇ 给相关机构打电话，咨询做志愿者需要的条件。

◇ 给医院打电话，问他们是否有服务于老人术后康复的工作。

◇ 问问邻居，是否我可以帮她做些家务或者收拾一下院子。

通过写出目标，并制定切实可行的实施方法，女儿实现了她的目标。在实施过程中，她没有来自父母的压力。她渐渐发掘出了自己的创造性潜能，也通过实践养成了良好的习惯，保持了"我能行"的生活作风并一直延续至今。

每到学期末，孩子们都会把自己记录的"路线图"拿出来，让全家人一起分享，搞一个庆祝会。我和丈夫很快就发现，孩子是否提高成绩或是否达成了他们的目标并不重要，重要的是我们看到了他们的成长。在这个过程中，他们主动接近、辨别是非、预测判断、区分主次、随机应变……各方面能力都获得了提升。他们学会关心他人，能全面地思考问题，有强烈的求知欲，勤奋、刻苦、自立，而这正是我们所期望的。

因为"路线图"既是个性化的，又是自我指向型的目标计划，所以孩子们愿意通过自己的努力去实现它，知道怎样利用必要的资源来达成它。

事例二：父亲帮助四年级的女儿制定"路线图"

如果孩子的年龄比较小，建议一次只设定一个目标。在下面这个事例中，我就为大家展示一下，一个父亲怎样帮助他的小女儿制定学业"路线图"。以下是父女俩的对话：

父亲：你在学习上想有哪方面提高？

女儿：我的拼写成绩是C，我想提高这个。

父亲：那么你的目标是什么？

女儿：我想达到B。

父亲：怎样才能做到？你需要每天做些什么呢？

女儿：我要每天学习30分钟。

父亲：那你想在什么时间学习？

女儿：晚饭后，因为吃完东西我肚子就饱了。

父亲：你怎样保证自己在填饱肚子后记得学习呢？

女儿：哦，我不知道呀，也许你可以提醒我。

父亲：不可以，我不会提醒你的。因为如果我这么做了，咱们一定最后会闹矛盾。你怎样才能记得？

女儿：能不能放点儿音乐，来提醒我该学习了？

父亲：好的。我们来试验一周，看看效果如何？

父亲在和女儿谈话的过程中一直提问，直到帮助女儿明确了自己的"路线图"。她把为达成目标需要做的每件事都写了下来，并挂在了自己的房间里。

几个月后，她的父亲这样写道：

刚开始的几周真是糟糕极了，我真想跑过去，督促她写作业。后来我才意识到，她其实是在试探我。我让她相信我不会干涉她后，她把"路线图"运用得很好。这件事再次证明了我的孩子其实很在意自己的成绩，也在意和父母及兄弟姐妹的关系，他们愿意让家庭生活更和谐。但是，如果我干涉了他们，就会迫使他们偏离轨道。现在我知道了，他们之所以缩在后面是因为我太强势了。这对我是一个很好的提醒，时刻提醒自己不要"冲锋在前"。

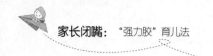

● 事例三：愿望"路线图"

愿望"路线图"是大家非常喜爱运用的一个育儿方法。下面我就来给大家讲一个例子。

我的儿子科林从智利回来后不久，便给自己制定了愿望"路线图"。他知道自己还想去智利，我们也鼓励他听从自己内心的想法。然而，作为父母，我们必须确保他有成熟的计划，让我们相信他已经做好了这次冒险的准备。科林知道，如果他想在未来的一年里去旅行，他就必须再去打一份工。

科林的愿望"路线图"如下：

○ 取得英语教学资格证书。这样，在国外生活一年的时间里，我就可以找到工作，保证生活来源。

○ 在有机农场工作三个月，和当地人住在一起。这样既可以练习口语，又可以通过工作来换取食宿，还可以利用这段时间熟悉这个国家，以及当地的文化和周围的环境。

○ 用三个月时间搭车旅行，从南部的巴塔哥尼亚一直到智利最北端的城市。

○ 利用在农场打工学到的经验，在海边度假村找到一份工作，同时学习冲浪。

○ 利用自己做木工的手艺多赚些钱。

○ 与能够帮我深造学业的人和有兴趣到国外生活的人建立联系。

……

科林列出的这些任务，他几乎都做到了，而且还做了许多其他的事情。在智利发生的地震中，他参与了受灾最严重的村庄的救助工作。他的确在这一年中学会了冲浪，还教当地人学习英语和滑雪，自己也游历了很多地方。他回到美国的唯一原因是因为膝关节受了伤。在术后恢复的几周时间里，他又为自己制定好了下一个愿望"路线图"。

关于"路线图"的两点说明

●"路线图"不是任务清单

"路线图"不是任务清单。如果你希望为自己规划一个既有意义又充实的美好人生，就可以运用这个方法。

"路线图"很难做到吗？不，但在学着制定和运用的过程中，确实是一个挑战。我问所有我接触过的家长："制定'路线图'比你现在整天发号施令、大包大揽、严令斥责更让你困扰吗？或是比孩子整天嘟嘟囔囔、磨磨蹭蹭、吵嘴拌架、调皮捣蛋更让你苦恼？"他们回答："当然不是。"

我们可以选择过怎样的生活，把时间和精力投入到我们想做的事情上。理想的生活要靠自己打拼，或者说，决定生活质量的选择权在自己手中。

在要求孩子每天尝试学习新事物的同时，家长可以从孩子的角度考虑问题，了解孩子是否取得了进步，是否转变了思维方式和行为方式。

我们的工作就是为孩子的独立做好准备，让他们可以充满自信、充满激情地应对未来生活中的各种挑战。

● 为什么要制定"路线图"？

有着一双天真无邪的大眼睛的"小天使"终有一天要离开你，进入社会。到了那一天，他可能还没有做好独立生活的准备，无法面对生活中的挑战；他可能无法照顾好自己、实现自己的目标或过上自己满意的生活；他可能不知道如何从挫折或失败中重新站起来……而这就是你现在需要做的。你要确保当孩子18岁离开家的时候，已经具备了一定的技能，让他可以充满自信、充满激情地走进社会。

然而，制定生活目标并控制好生活的方向，对自己有正确的认识，知道自己想要的是什么……这都不是容易的事。家长和孩子都需要有一个计划，即"路线图"。否则，他们一定会产生挫败感、失落感和无助感。

第三部分

"强力胶" 育儿法

真实案例分享

第11章 真实案例分享："强力胶"育儿法家长实施体会

一旦父母开始使用"强力胶"，改变自己大包大揽的育儿方式后，孩子们就会发现，其实犯错误是生活中的一部分。他们会从错误中吸取教训，学会如何冷静、从容地面对挫折、失落、拒绝和窘迫。

他们不会事事都指望爸爸妈妈来解决，而会在寻求帮助之前自己先想办法。他们还会发现自己真正的喜好是什么，例如：自己喜欢火鸡三明治，不喜欢果酱三明治；喜欢淋浴，不喜欢泡澡；喜欢裙子，不喜欢短裤。家长相信他们，让他们自己做决定，尽管有的决定会产生一些小麻烦，比如：闹钟没把他们叫醒，没自己洗衣服，忘记带午餐，等等。

相信孩子能从失败中站起来的家长，他们养育的孩子一定善于思考、愿意合作、有想法、有责任感、独立性强并具有应变能力。这些孩子可以从容应对生活中的各种问题，他们敢于冒险，尝试新事物，勇于承认错误，改正缺点，体验丰富的人生。他们非常在乎与家庭成员之间的关系，而且愿意尽自己所能去维系这种和谐、健康的关系。

家长在养育孩子的问题上做到放手，与孩子建立和谐的关系，并不是一件简单的事，但这是值得的。下面我就为大家列举一些家庭中的真实案例，从中大家会明白：在生活中放手，让孩子更多地参与，肯定孩子的成长，是多么重要的事情。

案例集锦（一）

● 自己上厕所

不久前，我们十八个月大的宝贝儿每当要换尿布的时候，她的反应异常强烈。我每次都是无奈地给她换上，而换好之后我俩都很不愉快。这次，这个小家伙又开始抗议了，当我正准备给她换上新尿布时，我停了下来。问她："好吧，你想怎样？"我把她抱起来，并放在地上。她自己直奔厕所的坐便器。你猜怎样？她居然尿尿了。意想不到吧！我给她换上了新尿布，她看起来很开心，也不哭闹。真是太不可思议了！

我仔细想了想，"放养式"的育儿方式需要我从孩子的角度看世界，然后我便会发现一切皆有可能。

● 倒牛奶

今天早上，我看到两岁的儿子正在往放在洗碗机柜门上的玻璃杯里倒牛奶。于是我对岳母大喊，而她跟我说："如果牛奶或是玉米片撒了出来，你收拾干净就是了！别管他！"

牛奶很快就倒得满满的，一不小心就会从杯子里溢出来。只见他把手里的牛奶盒放下，双手戳在小屁股上，自言自语道："现在，我该怎么办呢？"我真没想到，这小家伙已经把自己看成解决问题的小能手了。

● 自信的女儿

我的女儿现在五岁，患有I型糖尿病。在我使用"强力胶"育儿法之前，我夜里总是要起来，给她检测血糖。我对她病情的关注让我有时不自觉地蔓延至对她生活中其他部分的干涉，其实我并不希望这样。事实上，我讨厌自己这种对子女事事监管的教育方式。我希望女儿拥有自信。如果她想应付好自己的

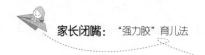

病，她必须要有自信。

我改变了养育她的方式，对她放手，这样她才能成长并树立自信。最近发生了这样一件事：在运动会上，她表现出了很大的创造力和勇气，而且对自己很有信心，愿意在别人面前展示自己，以前她可不是这样。

难道是巧合吗？我想不是。

● 干家务活也可以是一件充满乐趣的事儿

这一周我的孩子干家务活干得很卖力。我让六岁的孩子用吸尘器打扫房子，他一边干，一边在盘曲的管子间跳来跳去，忙得不亦乐乎；而八岁的孩子昨晚在洗盘子时跟我说："我觉得这些盘子就像我的孩子一样，我就好像在给他们洗泡泡浴。"他们既为家庭分担了家务，又能乐在其中，我真是太高兴了。

● 耐心的哥哥

我欣喜地发现，九岁的儿子接过了训练弟弟的工作。他很会鼓励人，也非常有耐心地替弟弟着想。这真是一件让人开心的事情。现在，他们俩会一起做些事情，而他也会耐心地给两岁半的弟弟多一些练习的时间。

● 学会放手，众人受益

今天早晨，我无意中听到两个孩子（C和E）在厨房聊天：

C：妈妈最近怎么不冲咱们发火了？

E：她参加了育儿培训班，她在有意识地忽略我们的缺点，只关注我们的优点。

这培训班对孩子很有意义，他们自己知道。虽然他们偶尔也不喜欢这套育儿方法，但他们完全可以理解。

当然，我现在有时还是会发火，但相比以前，次数少多了。当我确实生气时，我也能正确处理，再也不会勃然大怒，这样对孩子不好。所以，孩子们觉得我就是他们身边的英雄"甘地"。

● 事情虽小，但意义重大

我六岁的女儿说，她以前一直都想学做燕麦粥，现在她终于学会了；而四岁的儿子说，他有一天能用锤子钉钉子，挂好几幅画，而他真的做到了。他觉得那一天是他这辈子最开心的一天。

● "小懒虫"变成了"小能人"

我们决定要对孩子放手了，于是我们和最小的孩子说，以前我们没有尽到家长的责任，没有给他学会怎样照顾自己的机会，是我们妨碍了他。我和他讲了薇琪的育儿方法，打算以后让他自己安排好起床、刷牙、吃饭、上学这一系列事情。他的反应不出所料——他耷拉着脑袋，翻着白眼，气鼓鼓的。我们跟他说，如果需要我们帮助一定要告诉我们，他马上就要求我给他洗葡萄。

第二天早晨，他无精打采地自己做早饭，并不断地叹气。他说："我还是喜欢你们为我打理好一切。"这就是问题的症结，我们以前的做法只会让他的能力越来越差，根本不能帮助他提高自己。

第三天，他变成了一副"小大人"的样子，居然自己洗葡萄了。他的哥哥和姐姐觉得他学习的能力还是很强的，看到他自己收拾东西、准备早餐、刷牙洗脸都很惊讶，而且居然能在校车到达10分钟之前做好准备。在短短几个月时间里，他迅速成长。现在，他会自己做鸡蛋三明治，能从高处的架子上拿平底锅，会计算制作英式松饼的时间。

最重要的是，他学会了独立，这对他以后的生活大有裨益。他为了引起我们注意而故意做出的一些行为都不见了，也不再抱怨了。他觉得自己能力很强，开始主动尝试新的挑战。

他的这一转变对家里的每个人都有重大的意义。

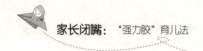

● 要让孩子养成好习惯

虽然要让孩子学会自己的事情自己做，一开始会比较困难。但现在，我的孩子们知道他们和同龄的孩子相比，会做很多事情。尽管有的时候他们也不愿意承担自己的"责任"，但他们觉得这样可以获得更多的自主权和成就感。

他们清楚，自己掌握着生活的主导权，有能力为自己做主，即便可能会犯一些错误。同时，他们也看到，其他的孩子每时每刻都离不开爸爸妈妈，他们很庆幸自己不是这样。他们通过自己做这些事情，极大地提高了自信心。

坦白地讲，我和丈夫对于孩子们的变化感到很惊讶。有那么一个阶段，孩子们总会出这样那样的差错，忘带午餐、书包、滑雪裤都是常有的事儿。但没过多久，他们就养成了好习惯。每天早晨是一天里最平静、最让人省心的时候，一切都有条不紊地进行着。

● 老师赞不绝口

今天我接到了老师的电话，她说："我知道你们在家训练孩子的独立能力，我在课堂上也发现了他们的变化。你们让孩子早晨自己做好上学的准备，比如自己准备午餐，这很好地培养了他们的自信心。我不清楚他们在家是否有很明显的变化，但在学校里是这样的。我确信，是你让他学会了独立，他才会在学校表现出这样的自信。"

案例集锦（二）

● 隆冬时节遭遇车祸

女儿汉娜16岁的时候，自己买了一辆汽车，并购买了保险。她会给车定期维护，必要时更换轮胎。她是个做事认真的人，开车也非常小心。

在一个隆冬时节的某一天下午，我接到了她打来的电话，她说出车祸了。她非常恐慌，整个人都吓坏了。

"妈妈！妈妈！我出车祸了！"电话那头响起了汉娜的声音。

"汉娜，你还好吗？还好吗？受伤了没有？"我惊诧道。

"没有，没有，我没受伤，我很好。但是妈妈，我现在不知道如何是好？"女儿解释道。

其实她知道自己应该怎么做。我们曾经告诉过她，就是怕她万一出事，但是她当时没想过真会遇到这种情况。她很害怕，希望我能过去帮她。我也很想过去帮她，真的特别想去。但是，她必须学会自己独立处理这样的紧急事件。我对她说："汉娜，我现在得挂电话了。既然你没有受伤，现在你必须想想该怎么做。想好第一步做什么之后，你再给我打电话。"

"妈妈……"女儿有些不情愿地嘟囔着。

我挂断了电话，在屋里走来走去，不停地祈祷。我相信她会处理好一切的。

一会儿，电话响了，是汉娜。

"妈妈。"女儿的声音听起来冷静了许多。

"嗯。"我应声回答。

"我需要先给保险公司打电话。告诉他们我出了事故，以及我现在的位置。"女儿冷静地说道。

"是的，的确如此。"我鼓励她。

"我找到了他们的名片，上面有电话号码，但我不清楚自己现在在什么地方。"女儿有些疑惑。

"你给他们打完电话后再打给我吧。"我故作镇定。

"妈妈……"女儿在电话的那头明显有些不情愿。

我又挂断了电话。这会儿我更加相信她能自己处理好这起意外事故。如果想让她相信自己，我首先要相信她。

"妈妈，妈妈，我给他们打电话了。我确定自己的位置后就打给他们了。他们正在赶过来。我需要等60分钟，不过我没问题。汽车里有暖风，后备箱里还有毯子，我也有水喝。我没事儿的，妈妈。"女儿最后安慰我。

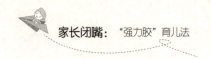

"等他们到了，给我打个电话好吗？"我还是表示出超级冷静的态度。

"好的，妈妈。"女儿回答。

"我爱你，汉娜！"我最后鼓励女儿。

"我也爱你，妈妈，谢谢你。"女儿回应我。

后来，我跟朋友说起女儿的这次意外事故，她很震惊，并带着略有鄙视的口吻对我说："你怎么不过去帮她呢？"

我说："如果她下次又出现了同样的事故我又不在她的身边，那该怎么办呢？我不可能开车飞奔过去救她。现在她已经16岁了，她知道如何自救，这才是最重要的。"

● 儿子的"熊抱"

有一天晚上，丈夫邀请我们17岁的儿子和他的朋友一起参加每周定期举行的篮球赛。儿子很开心地去了。

他们在球场上一起度过了一段快乐的时光。他们像男子汉一样，激情冲撞，挥洒汗水。打完一场比赛后，儿子要送他的朋友回家，但丈夫的朋友们还想再打一场。为了不让儿子为难，丈夫和儿子挥手再见。这时，儿子竟然拉住了他的爸爸，给了他一个大大的"熊抱"，还在脸颊上亲了他一下，说："我爱你，老爸，谢谢你邀请我们一起出来打球。回家见！"

丈夫和他的朋友们说了刚才的情况，他们也希望自己的孩子不仅可以信心十足，也能够真正关爱、尊敬他们，也可以这样大大方方地走过来，在众人面前表示他的爱。

● 女儿要求剪短发

我女儿四岁，有着一头金色的过肩长发，但她对此很不满意。

女儿对我说："妈妈，我想把头发剪短。"

我问她："要剪短？你确定？"

女儿回答："是的，我要剪成哥哥那样的短发。"

我只好对她说："好吧，我来约时间。"

剪发时，理发师一直不敢剪得太短，再三跟我确认是否真要剪那么短，而女儿则坐在椅子上不断嚷嚷："不，再短点儿。"

于是，我说："听她的。"

最后，她的头发剪到刚过耳朵。她开心地笑了。

第二天，她的朋友来找她玩，看了她的新发型，说："你这发型蠢透了。"

她说："才没有呢！"

朋友说："好，不蠢，是傻。"

她说："一点儿都不傻，我就喜欢这个发型。"

我从来都没担心过女儿会受其他人的话影响。她了解自己，知道自己想要什么，对自己的决定从来都很有信心。她能做到这点，我这个当妈妈的还奢求什么呢？

● 化解僵局

我真不敢相信，我七岁的女儿能这么勇敢、这么自信地处理好这个难题，但事实就发生在我的眼前。

女儿问道："妈妈，为什么有些人不喜欢我？"

我很奇怪，反问道："怎么这么问？"

女儿解释道："艾玛要办生日派对，邀请了班上所有的同学，唯独没有邀请我。我问她为什么，她说她的父母不喜欢我，不让她邀请我。"

我故意装着不知道，问道："真有这样的事儿？"

女儿说："没关系，妈妈。我还会和她做朋友，因为她人挺好的。我只是不知道我做了什么事情让她的父母不喜欢我？"

第二天，她又跟我说："妈妈，我和艾玛决定中午在学校吃一顿特别的午餐，以此来庆祝她的生日。我打算把我做的这条项链送给她，然后在教室里一

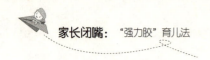

起吃三明治。"

作为妈妈，我可能都做不到女儿这么棒。

● 要保持达观的性格

要是在一年前发生这样的事，结果肯定不一样。但现在，我九岁的女儿简非常达观，多数成年人都做不到。

女儿对我说："妈妈，你觉得萨莎什么时候会打电话来？我已经做好去公园的准备了。她说我们九点左右出发，但现在已经快九点了。"

我说："我不知道，你想给她打个电话确认一下吗？"

女儿自己有了主意："不了，她说她会打给我的，我还是等等吧。我就是想到马上要去玩了，很兴奋！"

大约过了二十分钟，简看着窗外，说道："哦，我想我不用和萨莎出去了，她坐着她妈妈的车刚刚出去了。"

简把头扎在沙发上，哽咽着。我走过去，坐在她身边，把她抱在怀里。过了几分钟，她抬起头，跟我说："她这么做真是说不通。如果计划改变了，打个电话通知一声啊，总比让人家傻等着好。"

我同意她的说法，跟她说："我打算去做些小松饼，你是否愿意来帮忙？"她微笑地看着我说："好的。"

● 遵守约定

我儿子真够勇敢的。

儿子对我说："妈妈，给你，我的驾照。"

我问他："怎么了？"

儿子解释道："是这样，昨天晚上在格里家，我喝啤酒了。"

我对他说："好吧，我们之前约定，如果你自控能力差，或者触犯了法规，你就要上交驾照90天。感谢你能遵守我们的约定，也感谢你的诚实。等你从学校回来，我想和你谈谈关于你和格里喝酒的事儿。"

"好的，妈妈，我爱你。"儿子应声回答。

"我也爱你。"我回应他，心里暖暖的。

● 换一种方式解决问题

只有往后退一步，你才会见证奇迹。以下是母子俩的对话。

儿子：妈妈，你能把我的手套送来吗？我落在家里了。

妈妈：抱歉，不行。今天我送不过去。

儿子：如果我没有手套，就不能出去玩了。

妈妈：我知道。但我相信你能够处理好的。

儿子：但是，妈妈……拜托了。

妈妈：我爱你，再见。

晚些时候，他又打来了电话。

儿子：妈妈，妈妈，你猜怎么样？

妈妈：怎么了？

儿子：我把问题解决了。我想到办法了。我找纳特借了一只，然后把吉姆的帽子套在另一只手上，老师说这样可以，所以我就出去玩了。

当我每次想要帮助孩子的时候，我都会想起儿子当时脸上的表情，我就会跟自己说："如果你现在跑去帮了他，你就剥夺了他体验生活、享受成功乐趣的机会。"

● 女儿的关爱

当我每次感到压力或焦虑的时候，14岁的女儿都会扶着我的肩膀，瞪大眼睛问我："你怎么了？是什么在你的身体里作祟？你的快乐和幸福哪儿去了？我怎样才能帮到你？"然后她会走上前，给我一个热吻和大大的拥抱。我需要的就是这个。

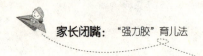

● 学会独立的女儿

我无意中听到了下面的对话，不禁想："我是多么有福气啊！"，我们学会了对孩子放手。下面是我五岁的女儿和她朋友的对话：

"你喝水吗？"

"喝。"

"杯子在那边。"

"我自己拿不了。"

"你可以的，可以。"

"不，我们拿不了。你能自己拿？"

"是的，我妈妈教会我们自己照顾自己，这样当我们长大后，离开他们时，我们就知道如何独立生活了。"

"嗯……我妈妈都不知道我会做什么。"

"哦，那我可以告诉她。"

"还是我自己来说吧。"

● 染个紫色头发有何妨？

说真的，要在三年前，女儿根本不可能有勇气跟我说要染紫色头发。而今，我们母女的关系其乐融融，让众多母亲羡慕不已。以下是我跟女儿之间的对话。

"妈妈，我能把头发染成紫色吗？"

"当然，你的钱够吗？"

"需要多少钱？"

"我不知道。"

"妈妈，我给理发店打过电话，说要50美元。"

"哦，那你的钱够吗？"

"三周后就够了。"

"好，需要预约吗?"

"是的，什么时候你能带我去?"

我们定好日子后，她就去预约了。

案例集锦（三）

● 剪发

两个女儿（一个五岁，一个八岁）在浴室里安静了好一会儿了，我想肯定是发生了什么事情。于是，我就向浴室走去。

大女儿说道："妈妈，看我给妹妹弄的新发型!"

我转过身，发现一头卷曲的金色长发不见了，剩下的只有像狗啃了一样参差不齐的短发。

"喔!"我几乎尖叫了起来。

多亏了有我丈夫的一句提醒："没关系，只是头发而已，还会长出来的。"

小女儿解释道："是呀，妈妈，别吓着，是我让姐姐剪的。所有人都在谈论我的头发，我感到很厌烦。现在好了，再也不会有人说了。"

她开心地咧着嘴大笑。顺便说一句，她现在七岁了。

● 罗克西会做午餐

清晨，我和丈夫被包装纸的咔咔声和拉抽屉的声音吵醒了。我翻过身，听到丈夫喊道："罗克西，别折腾垃圾桶了!"而我听到八岁的儿子回答："我没有。我只是在准备我的午餐而已!"丈夫翻过身对我说："我的天啊! 不会吧! 他居然自己会做午餐了。"

● 互帮互助

只听有个声音发出："我忘记洗衣服了。要是没等洗完我就睡着了，您能

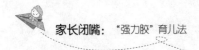

帮我烘干吗?"五分钟后,他抱着一大摞衣服,从楼上下来,准备洗衣服。我居然没责怪他,因为他穿到一件干净的衣服都不剩。当然,我一会儿会帮他烘干的。大家互帮互助呗!

● 儿子自己决定几点睡觉,我一身轻松

每天早晨,我都是被他出门时的道别声叫醒:"妈妈,我走了,再见!"而他也会自己准备好一切,收拾好书包、穿戴整齐。直到他十岁的时候,我都没想过他能独立做好这些。然而现在,他每天早晨自己检查东西是否带齐,我只是跟他说:"你自己决定晚上几点睡觉吧,我早晨可不会叫你起床。"

● 该闭嘴时就闭嘴

我正在指导儿子如何清理桌子,可他说道:"我真希望您别在这儿站着了,让我自己弄好不好? 我会。"

"那好,我走开就是了。"我回答道。

● 调成"自动模式"

我已经习惯了每天为孩子准备饮料、零食。我都不记得有多少次孩子找我帮忙。后来我意识到,自己已经习惯成自然了。于是,我把盘子从高处挪了下来,把塑料的容器、杯子和零食都放在他们能拿到的位置。现在,他们放学回到家就会自己去弄麦片、牛奶或者拿零食了。一切都变得简单了。

● 以小见大

有一天,小女儿的小朋友来家里玩。这小女孩儿一直说饿了,我环视一周,发现我的三个孩子正在弄麦片,却没人注意到她。

于是,我说:"嘿,你自己去弄点儿麦片吃吧! 你喜欢吃哪种?"

她说:"我不知道。"

我愣了一下，用鼓励的口吻说："去自己弄点儿。把盒子倾向一边，把麦片倒出来就行了。"

她说："我要是弄撒了怎么办？"

我说："你看看周围，根本没人会在意的。"

于是，她自己倒了麦片，一幅开心的样子。我不禁感到很欣慰，因为我一直都让孩子做一些力所能及的事情，比如做麦片粥，尽管有时会闯一点儿小祸。这个小女孩儿的人生路线图又是怎样呢？她已经六岁了，都学会了哪些技能呢？在我的鼓励之下，我看到了她由最初的胆小到获得自信。通过这件事也让我更加坚信，每个小小的进步都有重大意义。

● 记录优点

为了在即将到来的新年里，全家能继续保持和睦的家庭氛围，我买了一个新的笔记本，并精心装饰一番。每周全家人都会聚在一起开个小会，妻子做记录员。当她第一次看到我们列出了那么多彼此的优点时，她抬头看着我说："我们应该继续保持这些优点，因为这对大家都有好处。"

● 教孩子理财

我们每周给孩子们零用钱，让他们学会自己如何花钱、如何存钱。他们都知道，到了14岁就可以出去打工，不再需要家里的零用钱了。

当我的大儿子还差两周过14岁生日时，他整天忙着填写工作申请，到处找工作。他很自豪地跟我们说："当我的很多朋友还在埋怨生日当天学校应该允许请假一天时，我在生日那天开始了自己的第一份工作。"

现在，我的小女儿也14岁了，她也找到了工作以补贴她的各项体育活动。但她很快就发现，这份临时照看小孩儿的工作赚的钱并不够用，因为她还要买衣服，和朋友聚会，存钱买车。

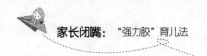

● 孩子心里有数

亲戚朋友来家里聚会，晚上睡得都比较晚，白天还要外出滑雪，所以周日晚上我十岁的女儿早早地上床睡觉了。她问我明天她能不能晚一点儿到学校。我相信她，说："好吧。"

第二天早上，她九点半起的床，还是没什么精神的样子，她一边弄麦片，一边说她知道数学课对她很重要，自己要加把劲了，可是十点钟她必须到学校，因为十点钟有阅读小组的活动，要排练剧本，不能不去。

过了一会儿她对我说，"妈妈，谢谢你这么相信我，让我早上多睡了一会儿。"

● 女儿做奶昔

当女儿和我说话时不再带有敌对情绪，可以和我畅所欲言时，我知道自己进步了。

女儿问："要加点儿冰块吗?"

我说："我正在加。"

她尝了几口。

女儿说道："我觉得其实不用加冰，但是，妈妈，这次你加冰是对的，这样以后你就知道做奶昔时可以不加冰了。"

第**12**章

增强家庭凝聚力，营造和谐氛围：
整个家庭受益于"强力胶"

当我们教育孩子的方法对整个家庭产生了重大的负面影响时，我们就要对孩子改用"放养式"教育方法，注重与孩子的关系，运用"强力胶"。家长习惯在日常生活中主导一切，可一旦当他们决定改变，就会有奇迹发生。现在我们知道，这不是奇迹，而是必然结果。

很多家庭都在不知不觉中发生着变化。本章就着重讲一下家庭中出现的各种积极的变化。这些积极的变化，我列举如下：

○ 争执减少。

○ 与孩子形成健康的关系。

○ 面对冲突，和平解决。

○ 营造和谐的家庭氛围。

○ 家里井然有序。

○ 家庭成员之间关系紧密。

○ 家庭成员心态健康。

……

家长要记住：家庭中的变化时刻都在发生，只要你对教育孩子有了新的认知，决心对孩子放手，你就会深刻体验到这种变化的强大作用。当然，每个家庭不可能都会产生同样的结果，但是让他们头疼的问题都会慢慢得到解决。下面，我们一起了解发生在这些家庭里的真实故事吧。

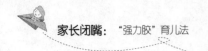

典型案例集锦（一）

● 闭上嘴，用大脑思考

让我五天里不去干涉孩子，真是一个巨大的挑战。不过，这个方法激励了我更多地思考如何与女儿交往的问题。多少次我都张开了嘴要说点儿什么，但却意识到我这是在干涉孩子，所以又闭上了嘴。我开始思考："如果我不去说她，那么我还能做点儿什么？我是否需要做点儿什么？"这时我才明白，其实什么都不需要我做。是我想插手，想大包大揽，想训斥孩子，其实这些根本没有必要。所以，我学会了闭嘴，学会用大脑思考。

在这五天"寂静"的日子里，我意识到：我教育孩子的方法，只是为了图自己省事儿，我没有静下心来仔细地制定一套有利于孩子成长的培育计划。我明白在教育孩子的过程中，需要运用一些方法，加强与孩子的联系。这些方法能使我的女儿健康成长，帮助她学会如何把握自己的人生。

● 今年的露营，全家齐上阵

和去年相比，今年我们全家人的这次露营，从开始准备到最后结束，都有了大幅度的进步。去年，当我们累得像蚂蚁一样，忙着收拾东西的时候，八岁的儿子却偷偷地跑到一边儿自己玩去了，连我那一岁半的小宝贝都知道拖着他自己的睡袋和枕头。当时我们真被大儿子气死了。

然而，今年在露营时，九岁的儿子每完成一项交代的任务后都回来再问我："还有什么能帮忙的？"他一直坚持到最后。他虽然还有些"小叛逆"，在我们准备拔营回家时，他坚持要骑一会儿自行车，但全家人的这次露营非常开心。

在回家后的总结里，我们没有说这次大家的行动都比以前快了，也没有提上次的不愉快经历，而是说：如果孩子继续锻炼，他能做得更好，不再需要问家长该做什么。我们为了让他承担更多的工作而放慢了进程，而他能在做好工作的同时，还帮助弟弟做力所能及的事情。真是太不可思议了！

再看看和我们一起露营的其他家庭吧！他们什么都不让孩子做，孩子只会坐在一边哭闹、抱怨。从他们身上我们仿佛看到了以前的自己，但我们现在已经不这样做了，我们正在大踏步地前进。

● **经过探索试验，孩子们会自己安排作息时间了**

让孩子们自己决定几点上床睡觉，这样可行吗？他们能做到吗？开始执行后的第一周时间里，他们每天都看电视，并且一直到很晚才上床睡觉。以后他们每天都会这样吗？那我还不得发疯了！

薇琪的话一直萦绕在我的耳边："他们放假时，就让他们自己决定上床睡觉的时间。否则，等到你花数千美元送他们上大学时，他们还不会管理自己的作息时间。"没错，这话说得很对。

我对他们说："孩子们，我以后就不再管你们几点睡觉了。我想给你们一个机会，你们自己安排好自己的作息时间。只要我还没睡，你们随时都可以来和我聊聊天。"他们附和着点了点头。

但刚开始时，我还是有些担心。我和孩子们解释了其中的道理，然后耸了耸肩，说道："我也不知道它是否有效，但咱们试一试吧。"

结果如何呢？远远没有达到期望中的效果。他们三天两头就起得很晚，要不就是早上一副无精打采的样子，但我们这些尝试并不是徒劳。不久前的一个晚上，我去睡觉时发现，六岁的女儿熬夜太晚竟然在书房里睡着了。要是以前，我一定会把她抱上床，让她舒舒服服地休息。然而现在，我不会这么做了，是否睡得舒服由她自己决定。第二天早晨起来，我发现她竟睡在又暖和又舒服的被窝里了。看来，她是夜里自己悄悄地回到卧室的。

关于孩子们作息时间的问题，我不设任何时间界限，孩子们也不再和我讨价还价。我只是简单地相信这个方法，同时让自己保持冷静，让时间告诉我答案。

没过多久，我发现以前给九岁女儿打印的"路线图"，现在已经写满了内

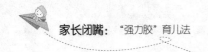

容。顿时，我的疑虑烟消云散了。她写道：

起点：很疲倦！晚上睡得太晚，早晨起得也太晚。

过程：早一点儿睡觉，上好闹钟。

终点（目标）：早晨六点半起床，不感到疲倦；找到一个合适的上床睡觉的时间。

● 相信孩子

我现在比以前更信任孩子了，而且我还要让这份信任变得更加"牢固"。我不禁在想："不信任感是从何而来？是社会造成的，还是因为人们的思维定式？"

当孩子们犯了一个错误，或是为了做好某事而尝试多次时，我们就产生了不信任感。

现在我发现，事实绝非如此，女儿的表现一次又一次地证实了这点。

昨天我七岁的女儿逃了一天课。早晨她起晚了一个小时，跟我说："太难为情了！我今天不去上学了。"

一个声音立刻在我脑袋里出现了："别人会怎么看？如果明天她再提这种要求怎么办？如果她就此觉得不上学的日子如此美好，再也不去学校了怎么办？"

我不能这么想。我跟她说："好的，我现在去上班了。有事儿可以给我打手机，或者找奶奶和爸爸。"同时，她也同意了这一天不看电视，不玩电脑。

"我走了，祝你今天过得愉快！"我吻了一下她的额头说道。

"再见，妈妈。"她轻声说。

她没有不高兴，但我可以看出她对自己很失望。我没必要捅破这层"窗户纸"，她自己心里有数。

这一天她过得还是很开心的。她和小狗玩了一会儿，还和奶奶一起做了手工。大家猜她今天怎样？她今天起得格外早，然后去上学了。

让我印象深刻的还有另一件事。当时我正在开车送孩子们上学的路上，我从后视镜里看了一眼女儿，说道："今天咱们要先去开生日派对，结束后才能回家，你知道吗？"我把车慢慢地停了下来，猜想坐在后座的女儿一定会以一副"惊恐"的表情出现。然而她却说："哦，我知道，给你，生日礼物，作业和读书笔记我会提前做完……"

我尽量不让自己显露出惊讶的表情。可我怎能不惊讶呢？她居然把一切都想好了。所以我要说，要相信孩子。

典型案例集锦（二）

●学会尊重，享受尊重

作为家长，你可以通过威吓方式来吓唬孩子，让他们对你恭恭敬敬，但这并不代表他们真的尊重你。虽然你享受这种掌控一切的感觉，但无论你是作为家长，还是作为一个普通人，你想要得到孩子的尊重，就必须花一些时间去体会。

这么做会带来两个好处：第一，如果家长尊重孩子，孩子也会自重，这就好比用同一壶水浇灌的两朵花一样，它们会一起成长；第二个好处就是：家长对孩子的尊重和孩子的自重可以直接促进家庭和睦。

下面我们举个例子来说明。

昨天晚上六岁的女儿C想"整"一下她的姐姐F。她知道那天是十二岁的姐姐F负责搞卫生，于是就把所有沙发上的靠垫拖到了地上。

大女儿一脸阴沉地说道："妈妈，你看看她干的好事！你得让她把垫子放回去！"

我说："对于我不希望看到的行为，我都视而不见。我不知道该怎么管……你们在家庭会议上不都同意自己在搞卫生的时候，督促其他人保持整洁吗？"

大女儿回应我："督促？哦，她才不理我呢，所以只能我来打扫，最后永远是我给她'收拾残局'！"

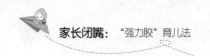

我什么都没说，径直走到别的房间了。我一边抚摸着小狗，一边想："C这么做目的是什么？对，她要吸引别人的注意——无论是哪种注意，只要别人能注意到她就行。那么，她真正想要得到的是什么？是与他人的联系。她现在试图与他人建立联系的方式错了，我该怎么帮助她呢？"

现在我已经把以前教育孩子用的说教、责骂、威慑那老一套方法抛到脑后，真是一种解脱。于是，我对C说："嘿，C！"

"怎么了？"小女儿回头看着我。

"想在睡觉前玩会儿游戏吗？"我问她。

"好啊！"小女儿高兴地拍了拍手说道。

"你可否把这些垫子放回原处？咱们好在这儿玩呀！"我提议。

"好的。"小女儿很开心地同意了。

然后，我看到她立即兴高采烈地行动起来，吃力地把靠垫一个个放回了原位。显然，这些皮质靠垫对她来说有些沉。十二岁的大女儿见状，也静静地走过来帮忙。不到五分钟，房间就都收拾好了，于是我们坐下来一起开始做游戏。

大女儿从我身边走过时说："哦，沙发靠垫这么摆，真好！"

这就是尊重，既是对C和F的尊重，也是对我自己的尊重，更是对我们这个家庭的尊重。每个人都生活得很舒服、很开心。这才是真正意义上的尊重。

● 转变育儿观念，家长受益非浅

采用"放养式"教育法，带来最大的好处就是，它彻底改变了我们的家庭生活。它让我们恍然大悟："怪不得我一直都感到筋疲力尽，原来我一直在瞎忙乎啊！"虽然在这一周中，家里有些乱，但我却不像原来那样感到压力了。丈夫和我都意识到：我们的控制欲有多么强，有多么爱说"不"；我们的做法对于孩子的独立有多么不利；我们总要求孩子尊敬我们，却从来没有尊重过孩子。薇琪的观点和方法，让我和丈夫在讨论孩子与我们关系的问题时更有信心。我们紧密地联系在一起，相互帮助，而不是埋怨和责备。

● 事不过三

之前，很多朋友和孩子的老师都给我推荐过薇琪的"放养式"教育法，可我一直没有采纳。记得那是一个格外糟糕的早晨，我含着眼泪冲出家门，留下屋里两个哇哇大哭的孩子，还有一个没吃早点的小家伙。当时我们就决定了，一定要尝试一下薇琪的方法。

现在，孩子们早晨准时出门前的准备工作，我们都已经让他们自己负责了。前一天晚上，他们自己准备第二天的午餐。如果早晨磨磨蹭蹭，没有做好上学的准备，他们自己要承担后果，可能是忘记带午餐，忘记戴手套，忘记带作业，或是穿戴不整，但只要出一次或两次差错，到了第三次，他们就会知道自己在哪方面需要改进了。

每天早晨，我和丈夫负责做早点，然后送他们去公交站，和他们告别，其他的事情都由他们自己管理。谢天谢地，他们现在都能应付自如了！

晚上，一般都是我和丈夫收拾餐桌，孩子们准备第二天上学需要带的东西。收拾完厨房，我会做些巧克力饮料，然后看看书。只有做好第二天上学准备的人，才有巧克力饮料喝哟！他们每天都会围坐在餐桌前，一边喝着美味的巧克力饮料，一边看书。我可以幸福地享受这一时光，再也不用为了给他们准备午餐而忙得团团转了。

这套方法对我产生的巨大影响，我说上几个小时都说不完，它使我的家庭氛围发生了根本的变化。现在我的家庭稳定，成员间彼此信任，有共同的价值观。孩子变得能力更强，更有自信，更有责任感。我似乎真的很难用一句话概括它给我带来的所有帮助。

● 增加信任

孩子们每天都参与家庭劳动，不仅获得了更大的快乐，而且自身能力也提高了，家庭也变得其乐融融了。

现在，他们会自觉地帮家里拖运重达几吨的木材，自己送衣服去洗衣房，

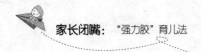

自己清理洗碗机或准备齐全滑雪装备。无论他们做什么事情，他们都更加自信，觉得自己的能力更强了。因此，他们愿意尝试更多的挑战，将能力展现出来。

现在孩子们对我们更加信任了，因为我们有一个共同的价值观。为了和谐的家庭生活，我们放开思想，摒弃以前的错误观念，即认为只有喋喋不休才是有效的管理方法。他们也非常感谢我们能够信任他们。正是因为这种信任，他们可以自信地承担起更多的责任，而这是以前我们想都不敢想的。以前，我们错误地认为，自己亲自做，事情会简单得多。现在，通过这套有效的方法，我们全家人的关系就更加紧密了。

第**13**章 家长见证"奇迹"：分享孩子成长示例

　　家庭的氛围一旦改善，父母与子女的无障碍沟通，父母对子女设定现实的期望值，以及在决策时的相互理解，都会变成顺理成章的事情。而且，他对孩子们的神奇作用还会体现在他们的社会交往中。他们会学到新本领，变得更有自信，他们的适应能力、应变能力和实战经验都会增强。他们可以自由闯荡世界。

　　他们看待他人的角度也会变化：他们会注意到他人的优点，而不是缺点；他们会愿意接纳不同的观点和与众不同的视角，而不会将之视为异类；他们会乐于助人，愿意与他人协作，参与各种社会活动。他们可以自主决定事情，在学会信任他人的同时履行自己的责任；他们不会因为他人的过错而指责对方，而会与每个人和平共处……

　　他们如何看待自己和他人，会影响他们长大以后在管理工作中成为怎样的人。如果他们的童年总是被人管制、纠正、惩罚，他们长大后很难成为一个善于思考、待人和善、处事坚定、既有创造力又有胆识的人。

　　下面的这些事例就表明：当我们对孩子放手后，孩子身上就会出现"奇迹"。

见证"奇迹"：成长事例集（一）

● 要对自己的行为负责

　　那时女儿刚学会开车，我无意中听到她和几个朋友围坐在餐桌边的对话。她说："在今晚我们去参加派对之前，我们需要达成统一意见。"

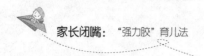

她的朋友有些诧异，但也跟她说："当然，没问题。"

"我们必须指定一个人来开车，必须保证大家在'统一战线'上，并且统一行动。"女儿说。

"为什么我们必须达成统一意见？"她的朋友问道。

"因为一个有责任感的人应该做到这点，既然我们决定要开车去，就必须要表现出责任感。如果我们自己到了驾车的合法年龄，我们必须保证安全。"女儿对他的朋友解释道。

她的朋友们都表示同意。他们又聊了十多分钟，说了说一个新手驾车需要注意的事项。看到我们对女儿的教育开始见效，我真是感到欣慰。

● 文明礼貌，从小处做起

每次我们出去，无论是去餐厅、学校和剧院，孩子们都会在意周围的人。他们会帮别人开门，让他人先行；他们会在食品店帮人搭把手；他们会与他人进行眼神交流；他们会与陌生人交谈，不再胆怯……

● 解决问题的小能手

一天，十岁的儿子放学回家，看上去特别心烦。他以前常常是一副垂头丧气、心烦意乱的样子，但这一次有所不同。从最近和他的交谈中，我听出了他变得信心满满，而且干劲十足了。

那时，我们已经开始对孩子采用"放养式"教育法了。我们相信孩子有能力处理好学校里发生的事情。

他跟我说："我没法儿再去学校上学了！"我问："为什么？"他说："我非常反感老师总是对学生大喊大叫。老师必须停止这种做法，否则同学们都无法去上课了。"

我静静地听着，一个字都没有说。我知道，如果我保持沉默，他最终一定会想出一个他认为正确的办法。

我继续等。终于，他说："有了，我知道该怎么做了。我需要跟她谈谈。你能和我一起去吗？你坐在一边听着就好，我来说。"

我给了他一个大大的拥抱。他站起来，拿起笔和纸，开始罗列出以下谈话的内容。

> 亲爱的莫伊拉女士：
>
> 　　您是一位非常严格的老师，为我们能顺利考入中学付出了很多心血，对此我非常感激。
>
> 　　您觉得您的授课方式是否有些问题？我有一个问题，那就是：您在课堂上对同学们大声呵斥，常把大家吓坏。
>
> 　　您觉得我们是否可以找到一个每位同学都能接受的授课方式？

之后，他便给老师打电话，约时间见面。

见面当天，我坐在一边，观察着他的一言一行。他口齿清晰，信心十足，而老师在聆听的过程中对他的沟通能力惊讶不已。

几天之后，我问他关于这件事的进展情况。他说："情况有些许改善，但莫伊拉女士并没有说她要改变她的授课方式。"我问他："对于即将到来的五年级，你有什么想法？"他说："我要去学校，莫伊拉女士需要我的帮助。"

在后来的日子里，儿子与莫伊拉女士的关系变得非常融洽，他们之间形成了一种开放式的关系，彼此尊重与理解。

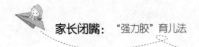

评语

我认识这家人有15年时间了。他们家的孩子自从上幼儿园起就一直麻烦不断。到了他上小学四年级时，他的父母放弃了原来对他的"监控式"管教方法，转而注重与孩子关系的培养，情况慢慢有了改变。在之后的五年时间里，他们在教育孩子的同时，给予他支持和信任，聆听他的想法。孩子渐渐树立起了自信心，并能运用父母教给他的能力解决学校里的问题。我们可想而知，十年后当他长大成人时，他一定会与众不同。

我再讲一个我女儿的故事。她在上小学二年级的时候向老师的"权威"发起了挑战。当时，那个老师有个毛病——总是刁难学生。我女儿认为，老师不应该这样，于是她约见了老师，表达了她的看法和三种解决方案。在年末，我收到了老师的来信，信的内容如下：

尊敬的太太：

多亏了您的女儿和她挑战权威的勇气，使我更加完善了自己。我真希望我的同事们有她这样的勇气，能在多年之前就告诉我。我能想象到，如果我早就改掉这个毛病，将会成为怎样优秀的老师？我教书已经22年了，但今年是我职业生涯中最有意义的一年。

见证"奇迹"：典型事例集（二）

● 发现别人的优点

下面我再来讲几个小故事，这些孩子都能自如地解决问题，其方式方法和思考问题角度让人颇为意外。我们会发现，学校里的孩子们除了聪明、伶俐外，还对同学们有一颗包容的心。

事例1：露比从幼儿园放学回家，对我说道："今天班上新来了一个女孩，她谁也不认识，看起来很害羞的样子。我一整天都和她在一起。我会和她成为朋友的。"

事例2：彼得上小学二年级的时候，我们看见一个母亲正在斥责她的儿子，起因是她的儿子杰克在课堂上把课桌掀翻了而被老师处罚。彼得转身跟我说："杰克当时真是发疯了，其实他并不是这样爱惹麻烦的人。他这是怎么了？"

事例3：乔吉上九年级的时候，她的辅导员跟我说了一件事。有一个小男孩总是一个人吃午饭，乔吉注意到了，就决定每天和他一起吃饭。一周以后，一些其他的孩子也加入了他们。后来我和乔吉说起这件事，她说："午饭就不应该自己一个人吃呀。只要你肯花一分钟时间认识他，你就会发现他这个人真的很有意思。"

事例4：贝拉上小学四年级的时候，有一个同学被其他人欺负。她坚决和他站在一边，还为他出谋划策，建议他通过参加一些体育活动来摆脱当前的困难处境。当我和她聊起这件事情时，她说："只要大家花一点儿时间去发现别人的优点，那么每个人都会成为朋友的。"

● 脱离"苦海"

对孩子采用新的教育方式必然要付出一定的代价，但现在我已经脱离了这

片"苦海"，再也不用因养育孩子而感到心力交瘁了。以前，我常常和有同样遭遇的家长相互倾诉孩子们那些令人抓狂的行为，大家只能翻着白眼，无奈地摇头。如今，我依然还会听他们讲孩子的种种"劣迹"，但我发现自己现在只会点头微笑着说："是啊，确实很难……我了解。"

我真的了解。养育孩子不是一件容易的事儿。如果你不改变方法，试图用"老一套"把孩子培养成才，那么这的确很难。

● 两个小大人

我带着两个儿子去商店买面包圈，店员钦佩地看着这两个还没有货柜高的小家伙如何克服困难。

四岁的儿子问道："我能要一个面包圈吗?"

我说："你带钱包了吗?"

"带了。"儿子回答。

"那好，去买面包圈吧。"我说。

这时，三岁的小儿子说："我没带钱包。"

四岁的哥哥对他说："我先给你垫上，但你必须还给我。"

"没问题。"小儿子回答。

● 兄弟情深

一天，我去学校接孩子放学，老师把我拉到一边，跟我说："我要跟你说件事。每天放学T都过来等待N一起回家，他真是一个好哥哥。我真希望我的孩子也能像你的孩子这样和谐相处。

● 买糖果

记得有一次，我带着三岁的女儿逛商场，当时正赶上过节，到处都是卖糖果的。女儿对我说："我想要这个糖果。"

我说:"你带着钱包了吗?"

她说:"没有。"

我提醒道:"那下次记得带着。"

她回答:"好的,我会记得的。"

这时一位女士忽然转过身来跟我说:"你太了不起了!"

● 四美元

当时我们正准备开车离开沃尔玛超市,一个小女孩拦住了我们,她要四美元。我一时不知如何应答。

坐在后座的七岁儿子说道:"我有四美元!"

我说:"那好!"

他掏出钱包,把钱给她了。她表示感谢,然后我们开车走了。在车上,他说:"希望她真的是需要这四美元,这样我就真的帮到了她。如果不是这样的话,我想我是浪费了这四美元。"

然后,我们一路上讨论她是否在撒谎。他觉得伸出援手的感觉还是挺好的,尽管要冒一些风险。

● **生活是最好的老师**

我们全家人有一个共同的存钱罐,里面存了不少钱。儿子用这笔钱从邻居那儿买了一台游戏机,之后他明白了自己干了一件错事。于是,他退掉了游戏机,把钱还给了大家。如果我把这件事看成是一种偷盗行为,那么我一定会万分苦恼,觉得天都要塌下来了。但对于一个六岁的孩子来说,我能理解,而且这也是他第一次犯这样的错误。他原来认为这是一个很好的方法,能得到自己想要的东西。然而,当面对全家人的时候,他发现自己错了。他能意识到自己应该做一个诚实的孩子。在整件事情中,我没有发表任何言辞,而他却学会了做人的道理。

听听孩子们怎么说?

经常有人问我:"孩子们对于家长采用的'放养式'教育方法有何感想?"我的孩子现在都已经独立生活,有能力思考这个问题了。于是,我让他们回忆一下:在你们的成长过程中,对你们的人生影响最大的问题是什么?以下内容是孩子们各自描述的答案。

汉娜(23岁):自信

可能父母教给我最重要的东西,就是让我在生活中遇到每一件事时,我都要充满信心,相信自己能够成功。然而,如果父母不能对孩子有信心,那么孩子也不可能有信心。

现在我还清楚地记得上学那会儿,每天早晨的那一套程序,仿佛发生在昨天。那时我五岁,在华盛顿州的埃特蒙德上幼儿园。我每天早晨六点准时起床,先是跑到爸爸妈妈的房间,跟他们打招呼,亲亲他们。然后我到厨房,自己做面包。接着,自己吃早餐,打包好午餐,收拾好书包。一个五岁的小孩子怎么能自己做这么多事情?只要通过些许的训练和不断的鼓励,孩子就能做到。妈妈跟我说，只要我和她都在厨房里，她就忍不住对我指手画脚，所以她会回到卧室里喝上一杯咖啡，等我都做完后再去叫她。

我每天都坐公共汽车上学。当我准备出门时，妈妈会穿上拖鞋，和我走到马路边，一起等车。这是我每天最享受的时刻，是专属于我和妈妈的相处时间，我可以和妈妈畅所欲言。当公共汽车来了，我会亲亲她，和她道别，然后上车去学校。我想，大家一定纳闷，她相信我可以自己去上学，为什么还要陪我一起走到车站呢？这并不是因为她不信任我。她之所以和我一起到车站等车，是因为她知道我是多么珍视和她在一起的这段时间。我每天都很期待这短短的十分钟，而且我也知道，如果我想拥有这十分钟，就必须自己准备好一切。我喜欢这种独立的感觉，也喜欢和妈妈在一起的时光。在当时我这个五岁的小女孩眼里，这是一件"双赢"的事情。

随着我渐渐长大，我学会了更多的技能，例如：自己洗澡，吃完早餐自己洗盘子，出门前收拾好自己的房间，自己坐车上学……而我们全家人也逐渐形成了"赫夫曼式"家庭氛围，我承担起了更多的家庭责任，爸爸妈妈对我更加信任，我对自己也越来越有信心了。十二岁时我就已经能帮着家里修理草坪、收拾垃圾、铲雪、启动汽车、准备菜单，等等。随着自己能力的提高，我的自信心也增强了。

我的父母教我们几个如何打一些重要的电话。通过这种方法，我们更加有信心了。我十二岁那年就会自己打电话预约医生，核对电影开演时间，我甚至还帮妈妈处理一些工作上的事情。这让我感受到了自身的价值。

自信心在我找工作时也起到了重要作用，在电话中我会向我未来的雇主提一些问题，并记下他们的名字。在面试的时候，我会满怀信心地和雇主进行交流，提出一些同龄孩子不会想到的问题。我经常在面试后就能被录用，我确信这是因为我表现出的那份自信。一个十二岁的孩子可以凭借自己的能力，不依靠父母的帮助，得到一份工作，那种感觉真的太棒了，我无法用

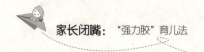

语言来形容。它让我相信，当我长大成人离开家的时候，我可以自食其力。同时，它也给予了我在未来生活中继续闯荡的勇气。

让孩子学着自己准备午餐，准时起床，自己出门上学……这些看起来都是很小的事情，却让我对自己的能力充满自信，并相信自己做出的决定是正确的。

科林（20岁）："部落"的力量

我以前没留意过，直到有一天，我听人家用"部落"这个词来形容我的家，那时我才发现，用这个词来形容我们七个人组成的大家庭，真是再合适不过了。

在高中的时候，如果你参加运动队，就必须与父母签署一份承诺书：不参加不正当的社交派对，不使用带有攻击性的语言，保持学习成绩平均分不低于2.5（GPA成绩），等等。在我家也有类似的协议——必须选择是否成为"部落"的一员。就那么简单！

成为"部落"的一员就意味着你要在大家一起交谈时，要做到知无不言，言无不尽。我的父母非常看重我们的观点和想法。有一点他们很明确，那就是：我们每个人都是为了家庭的集体利益而努力，因为我们是一个整体。一荣俱荣，一损俱损。成为这个"部落"的成员不需要缴纳会费，唯一的"会费"就是彼此关爱，共同欢笑，患难与共。

朋友们说，他们一到我家，就能感受到一种与众不同的氛围。不管怎样，我们一家人彼此珍视，而这是我人生中最重要的部分。

出生在这样的"部落"就要承担起应尽的责任。就像妈妈常跟我说的话——"你要做好自己分内的事"。我们每天都这样做。我们几个孩子从来不会争吵。当我们十几岁的时候，做家务以及其他一些需要承担的家庭义务早已成为了我们生活中的一部分。

当一切成为习惯，你就不会去在意别人的一些小瑕疵。你反而会去发现他们的优点，学会彼此关爱。最重要的是，你会发现他们也在用同样的方式爱着你。

在我们几个兄妹中，如果谁放学晚，或者有体育比赛，或者要去看电影，或者要去游泳，会开车的人都愿意载他们一程。我从来不觉得我们这样的关系有什么不同。

只有当你身边的人可以和你开诚布公地交流时，你才真正找到了属于自己的"部落"。

佐伊（20岁）：家庭会议

用一个词来形容七口之家，你会想到哪一个词？乱！当我跟别人说我家里有五个孩子时，大多数人的第一个反应就是这个"乱"字。坦白地讲，有时我也会想到这个字。但我家的生活并不乱，一切都井井有条，而且还充满欢乐。

每周的家庭会议是把我们全家人紧密联系在一起的重要举措。当我们对"感恩""帮助""自理"等词汇毫无概念时，我们就已经坐在高脚椅子上参加家庭会议了。

我们渐渐长大了，虽然忙碌于芭蕾、空手道、体操、游泳等课程，还和朋友一起开派对、打曲棍球，但家庭会议却越发显得必不可少。现在的我可以合理地安排好自己的生活并有效管理时间，把一天、一周甚至一年要做的事情都做好规划。

在每周的家庭会议上，我们都要向家人表示感谢——这让我们知道对方的重要性，同时让我们看到对方的优点和长处，忽略那些小瑕疵。我们五个孩子很少发生口角，我想这就是因为我们每周都有一次彼此感谢的机会。今年我上大学一年级了，我亲身体会到了人情的冷暖。我非常感谢我的家人，是他们帮助我成长为一个懂得感恩的人。

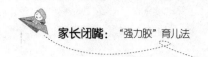

如果你想说服你的兄弟姐妹帮你做某个家务，你就需要有所表现。在这过程中，我们学会了协商、妥协与合作，同时也明白：如果我们每周不能做好自己分内的事情，家里就会出乱子。

家庭会议让我们每个人铭记真实的自己。虽然随着年龄的增长，有时我们在家庭会议上会翻个白眼，或是低声低估几句，但如果没有这种形式的会议，今天的我们不可能拥有独立、细心、大方、宽容、善良、勤奋等优秀品质。

总而言之，我要感恩。感谢我的家人——薇琪、伊恩、汉娜、科林、凯拉和布雷迪，感谢你们帮助我成长为今天这样一个优秀的大一新生。

凯拉（19岁）：独立

上幼儿园的时候，我就已经会自己起床，准备午餐，并收拾好上学需要带的东西。和班上的同学相比，我的独立性更胜一筹。上小学一年级时，父母教我如何使用好每周的零用钱。上小学二年级时，如果父母都没时间，我会练完体操，然后自己回家。

这些小事让我变得独立。我读八年级时，报名参加了为期两周的拓展训练；在十一年级时，我独自去了去西班牙读书一学期；在十二年级时，我参加了州立美术学院课程；我还去阿根廷找姐姐，和她一起旅行；高中毕业后，我去了离家3000英里的大学上学。

现在，我已经在加州的查普曼大学度过了第一学期。我非常感谢我的父母，是他们养育了我们五个如此独立的孩子。

布雷迪（19岁）：信任

当我小的时候，我的父母给予了我极大的信任，相信我能抓住眼前的机会，可我却一次又一次地辜负了他们。这样的事例数不胜数，既有大事，也有小事。然而，他们一直非常信任我，当我把事情搞砸，他们从来不让我难堪，而是帮助我从自身找原因，让我在经验教训中成长、成熟。

我在宾夕法尼亚的一所名为西城中学的私立中学学习了一年。这段经历淋漓尽致地体现了父母对我的信任。当时，我劝说父母让我去这所学校读书，理由是：这所学校更加注重学生的学习能力，如果我能在那里学习，一定会取得优异的成绩。我也相信自己能够取得这样的成绩，所以父母对我有所期待，也就在情理之中了。

然而，我没有把握住机会，我的成绩平平。我开始担心人们对我的看法，却无心思考自己应该怎样提高成绩。一年后，我回到家，没有什么值得炫耀的，只是自己有了一些新的经历，交了一些新朋友，还有就是浪费掉了一大笔钱。

这件事之后，想必父母一定不会信任我了，再也不会让我自己做出重大决定了。有一段时间，他们确实看起来有些犹豫，我能理解，因为毕竟我辜负了他们对我的信任。

但仅过了一年，当我做出一个更大的决定时，他们依然信任我。这个决定可能会对我未来的人生产生重大影响——我请求他们准许我退学。等我拿到中学普通教育水平证明，我就去尼泊尔生活三个月。这次，我下决心要让父母重新对我的决策能力树立信心。

我自己安排好一切。我约见学校的辅导老师说明原因，填写了文件，并向学校的管理部门陈述了我的情况。然后，我签署了文件，接受了中学普通教育水平测试。我顺利通过后，开始着手准备我的旅程。我提交了申请以及家人、朋友写的推荐信，并和这次旅行的主办单位谈话，列出了所有需要携带的物品清单。我完成了在尼泊尔这三个月需要的所有准备工作。父母给了我极大的支持，并再次为我这个开支不菲的"学习之旅"买单。

没过多久，我就飞到了世界的另一端，那里对我来说是一个崭新的世界。这是我一生中最漫长也是最短暂的三个月。我对这个世界以及对我自己，都有

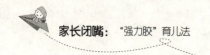

了更深刻的认识，这是我在任何一所高中都不可能学到的。

如果没有父母对我的信任，我就不可能拥有在尼泊尔这么精彩的经历，我也不可能有这样的成长历程。

致谢

因为有你，所以精彩

　　我要感谢我生命中的每一个人，没有他们，就不可能有今天的我。我还要特别感谢我的丈夫和孩子们，毋庸置疑，是他们点亮了我的人生。

　　在过去二十多年里所有参加学习我的课程的家长朋友们，我要感谢你们对我的支持，并鼓励我写一本有实用价值的书。感谢所有与我分享亲身经历的家长朋友们，是你们让本书中的理念做了更好的诠释。

　　此外，我要特别感谢阿尔弗雷德·阿德勒博士和鲁道夫·德雷克斯博士。没有他们，就没有我的成就。我还要感谢支持我工作的朋友们：泰雷丝·法法得和内森·赫尔曼，感谢他们对我一如既往的支持。最后，我要感谢我最好的朋友詹妮弗·纳德，是她在整个项目中，从始至终给予我鼓励和支持。

　　最后，我借用一句台词来总结我对所有人的感谢——"因为有你，所以精彩"。

书评

读者评论摘要

　　作为五个孩子的母亲、专业育儿师，维基·柯夫在这本以阿德勒心理学派为基础的育儿手册中，与读者分享了如何处理儿童典型行为问题的奥秘。这个奥秘就是：保持冷静，保持沉默，无条件地信任孩子。正如标题所言："强力胶"是给家长用的，而不是给孩子用的。

——《出版人周刊》

　　育儿的书就像减肥食谱一样，在一定时间内会有效果，但过不了多久，它就会失效。然而本书是个例外，其中的方法、策略可以长时间起效，因为它的核心理念是"相信孩子"。

——勒诺·斯科纳兹
（《放养你的孩子》一书作者）

　　各位家长，你是否整天跟在孩子的身后收拾东西，在家里忙得团团转？在如今这样一个父母对子女百般疼爱的时代，维基·柯夫呼吁我们要保持清醒的头脑。如果你想改变你的家庭氛围，培养一个能够自食其力、体贴周到、适应能力强的孩子，那就请你看看这本书吧。

——凯瑟琳·奥茨曼
（《波士顿杂志》特约编辑、专栏作家）

维基·柯夫的这本书真是太棒了，作者为大家提出了很多有帮助的建议。她的方法独具一格，非常具有启发性。那些渴望家庭氛围焕然一新的家长们，这本书你们不可不看。

——凡妮莎·范·佩腾

（www.RadicalParenting.com创始人）

在这本宝贵的手册中，维基·柯夫给我们介绍了一种理念：要培养一个有礼貌、有责任感、有适应能力的孩子，需要家长努力创建一个健康、快乐、相互扶持的家庭氛围。

——作者艾米·卢教授

（《养育孩子，你行吗?》）

用了维基·柯夫的方法，家庭氛围中最重要的变化就是：家人学会了彼此尊重。在薇琪的建议下，我们感觉全家人就像一个团队，我们相互扶持，坦诚相待，彼此信任。

——凯蒂·史密斯·阿尔伯特

（明德学院教导主任、艺术与建筑历史系助理教授）

这是一本很有指导意义的手册。想让孩子具备适应能力和处理问题的能力吗? 那就看看这本书吧。维基·柯夫指出了一条正确的育儿道路：不要过于关注孩子，也不能完全不管孩子，而要恰到好处。

——克雷格·爱德布鲁克

（作家、"新一代好父亲计划"训练营育儿指导师）

每个家长、育儿师、教师都应该看看这本书。其中的测试可以帮助你发现问题，同时提示你应该如何使用"强力胶"。作为一个从事教育的辅导老师，我真心向所有家长推荐这本书。

——本古·厄尔古内·泰吉那普

（德雷克大学教育辅导系助理教授）

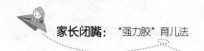

很少有人这样详实地介绍育儿方法。本书讲述了育儿方式的重要性，同时列举了大量简单易行的方法和窍门，启发我们找到适合自己的育儿方法。维基·柯夫真是了不起，她养育了五个孩子并把她的方法教授给了成千上万的家长朋友们。这本书绝对值得拥有！

——蒂娜·爱默生

（注册培训师，《成功路线图》《相信命运》作者）